私たち、島屋グループは、
広島市に本社を置く、
主に建築に関連した
さまざまな事業を展開するグループです。

株式会社島屋(上)、株式会社ランドハウス(右)、株式会社メタルシマヤ(左)

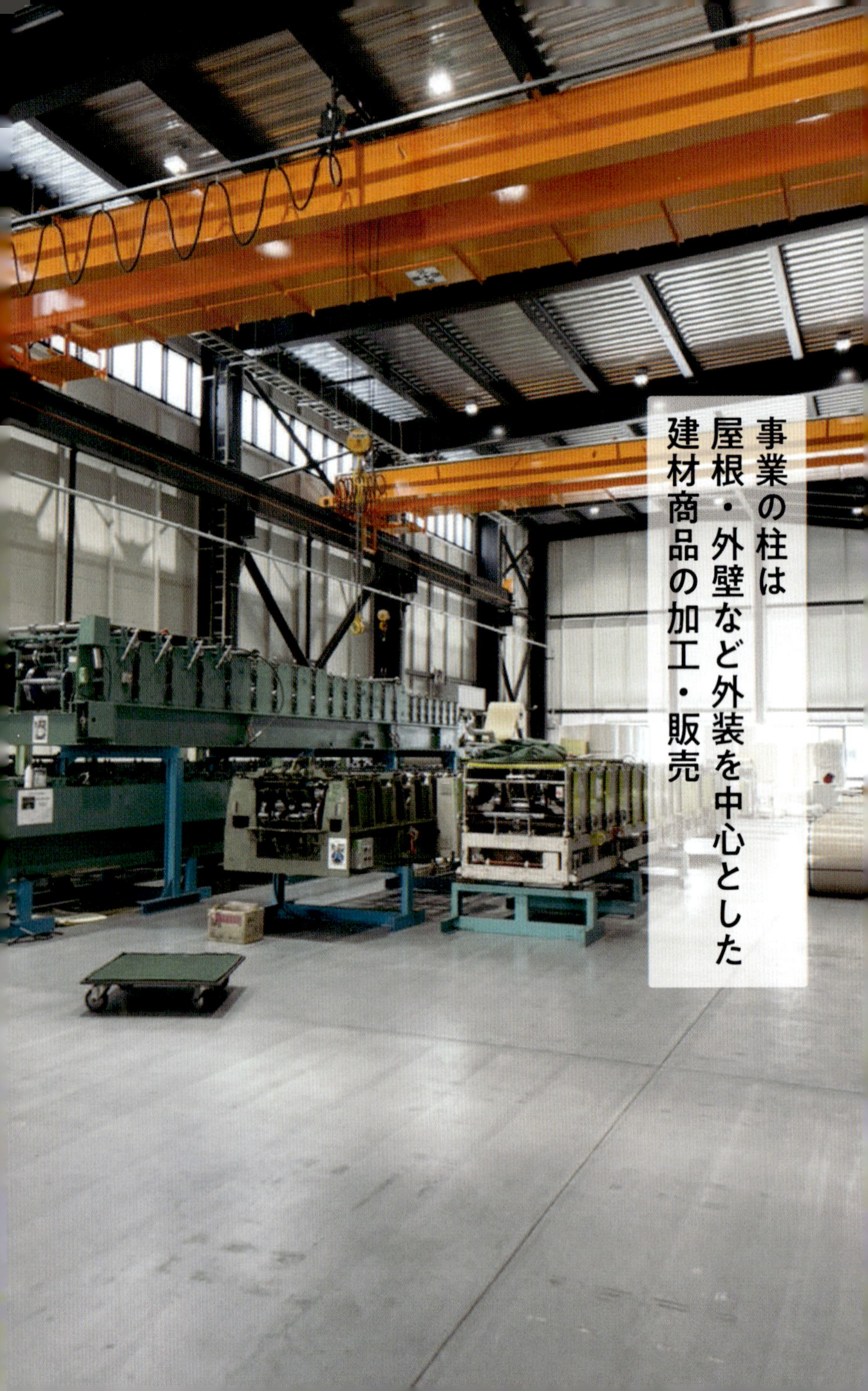

事業の柱は
屋根・外壁など外装を中心とした
建材商品の加工・販売

屋根・外壁工事を中心とした
施工管理業務

トイレブース、各種パーティションなどの
内装工事

広島のシンボルのひとつ
マツダスタジアムの
大型屋根・外装の工事も手掛けています。
そんな島屋グループの特徴は——

全員経営

社員たちの声を
経営の意思決定に反映しています。

私たちには個々の強みを把握し、伸ばし、それをマネジメントに活かす仕組みがあります。

毎月上司部下とで行う面談

教育のツールでもある経営計画書（右）、
社員の「やりたいこと」を把握する自己申告書（左）

結果、建築以外の事業も続々、誕生しています。

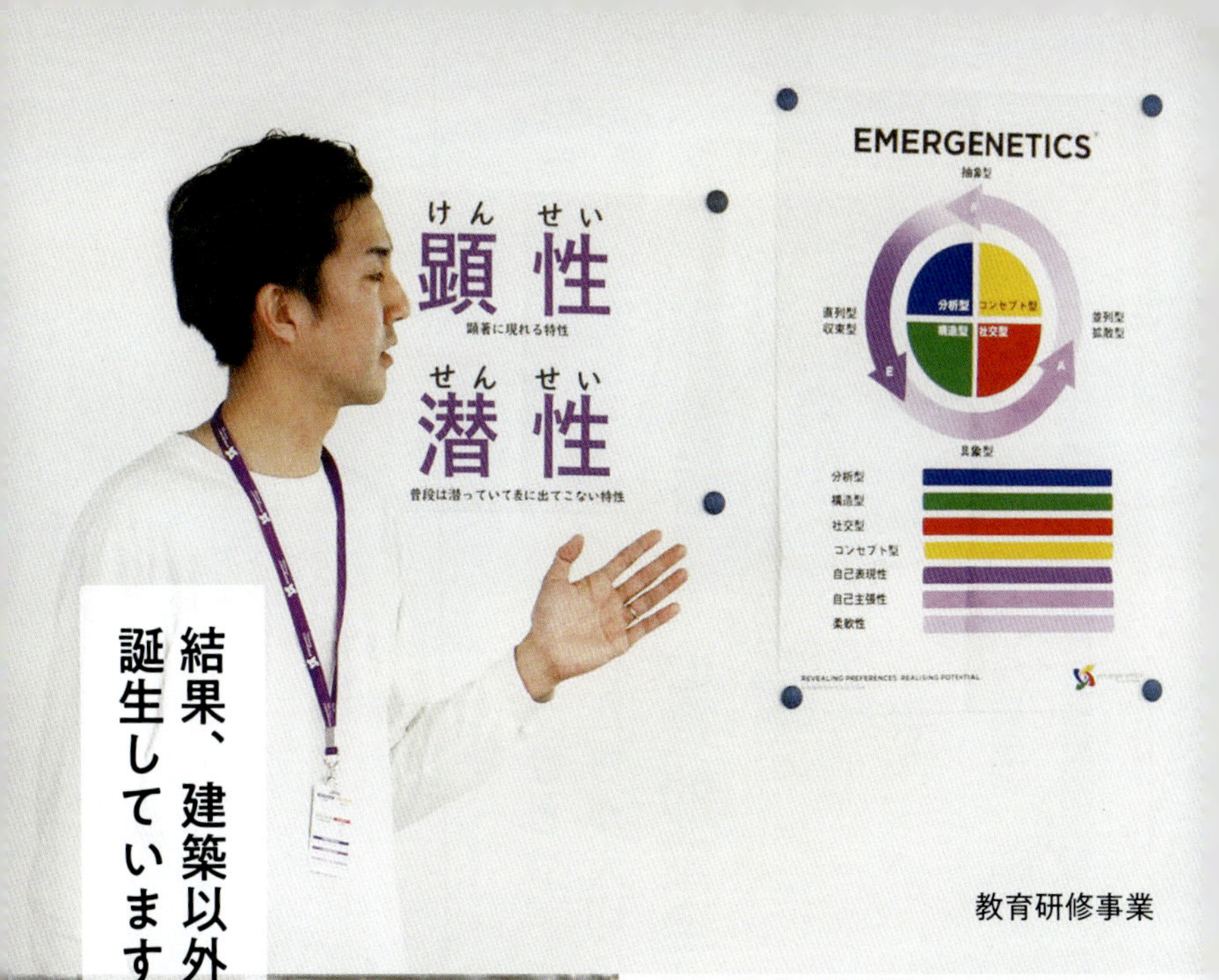

教育研修事業

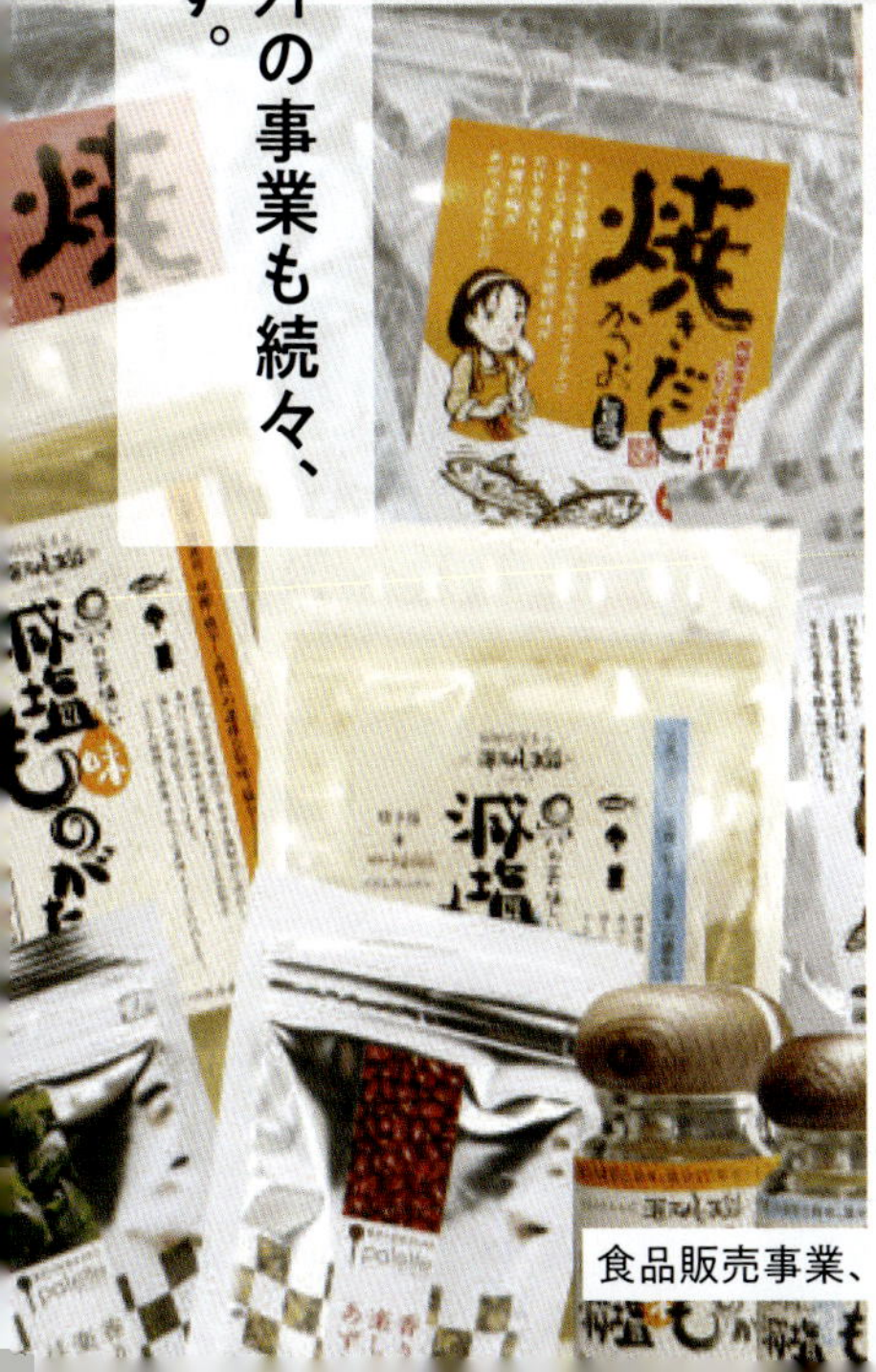

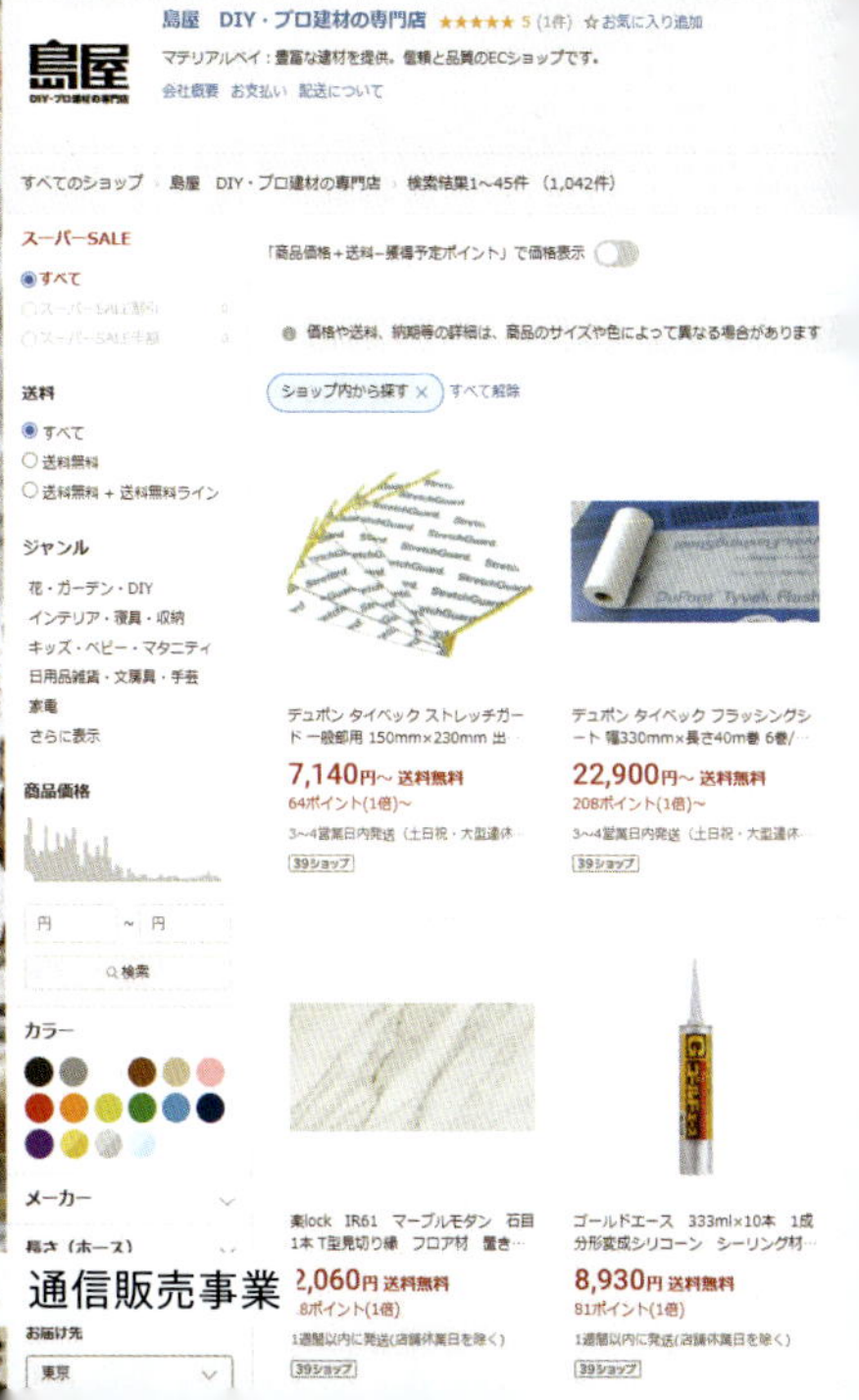

食品販売事業、通信販売事業

もうひとつ、
私たちが大切にしているのが
心理的安全性

自分の考えや、意見を遠慮なく言える
環境や仕組みがあります。

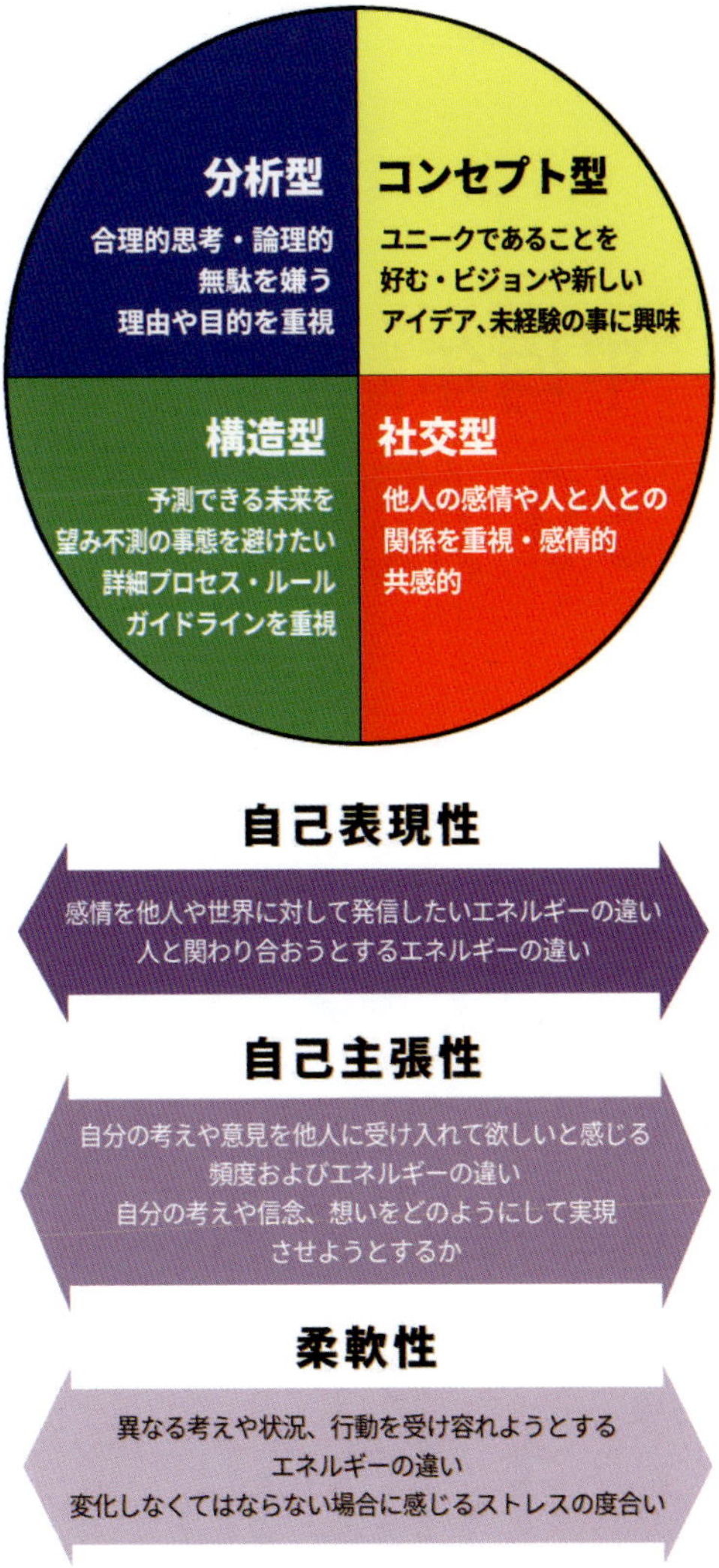

分析型
合理的思考・論理的
無駄を嫌う
理由や目的を重視
コンセプト型
ユニークであることを
好む・ビジョンや新しい
アイデア、未経験の事に興味
構造型
予測できる未来を
望み不測の事態を避けたい
詳細プロセス・ルール
ガイドラインを重視
社交型
他人の感情や人と人との
関係を重視・感情的
共感的
自己表現性
感情を他人や世界に対して発信したいエネルギーの違い
人と関わり合おうとするエネルギーの違い
自己主張性
自分の考えや意見を他人に受け入れて欲しいと感じる
頻度およびエネルギーの違い
自分の考えや信念、想いをどのようにして実現
させようとするか
柔軟性
異なる考えや状況、行動を受け容れようとする
エネルギーの違い
変化しなくてはならない場合に感じるストレスの度合い

脳神経科学と統計学をもとに開発された心理測定ツール「エマジェネティックス®」。
社員のプロファイルを共有し、コミュニケーションギャップの解消に活用。

その結果——

平均年齢
39歳

20代社員が
3分の1

入社3年以内の
新卒社員の定着率
100%

若い社員たちが活躍しています。

3.06.41
SEIKO Sports Timer
HIROSHIMA
PRESTA
230

そして
業績は
右肩上がり！

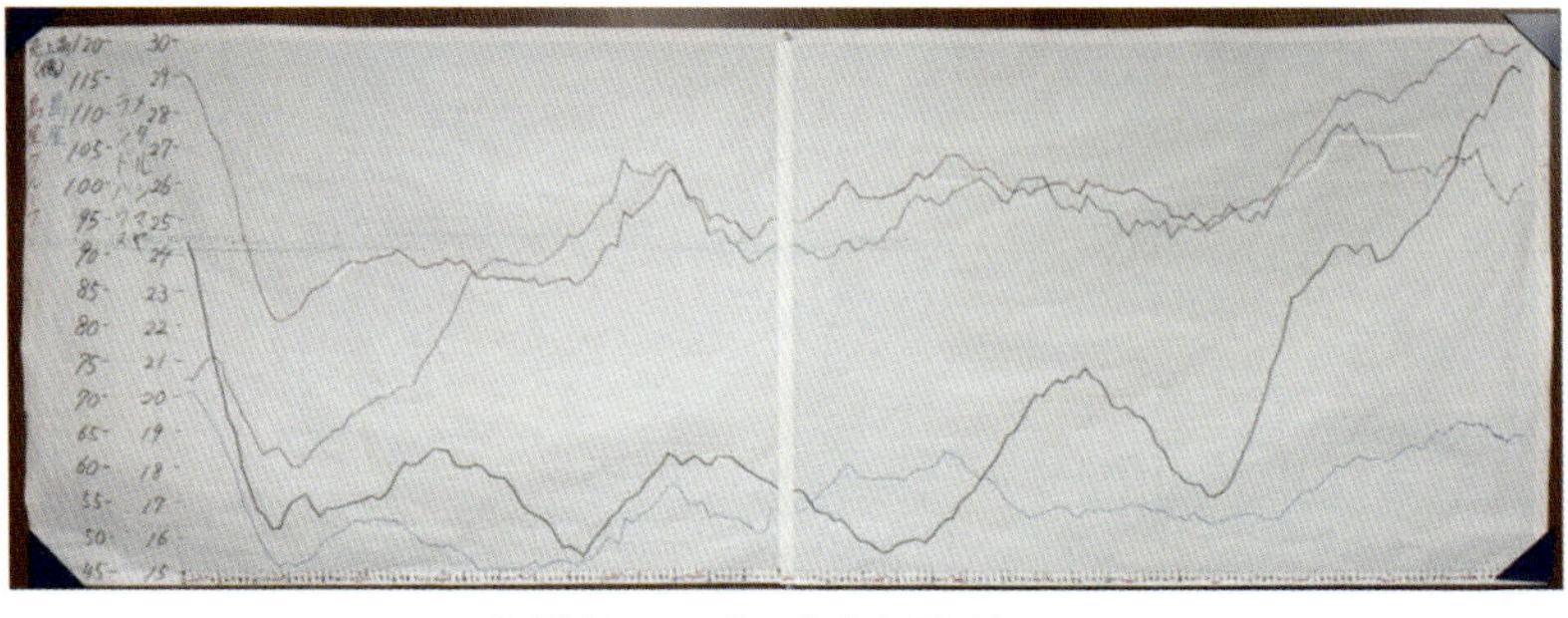

島屋グループの売上年計グラフ

島屋グループの
心理的安全性が高まり、
成果があがる、
全員経営の仕組み、
すべて見せます！

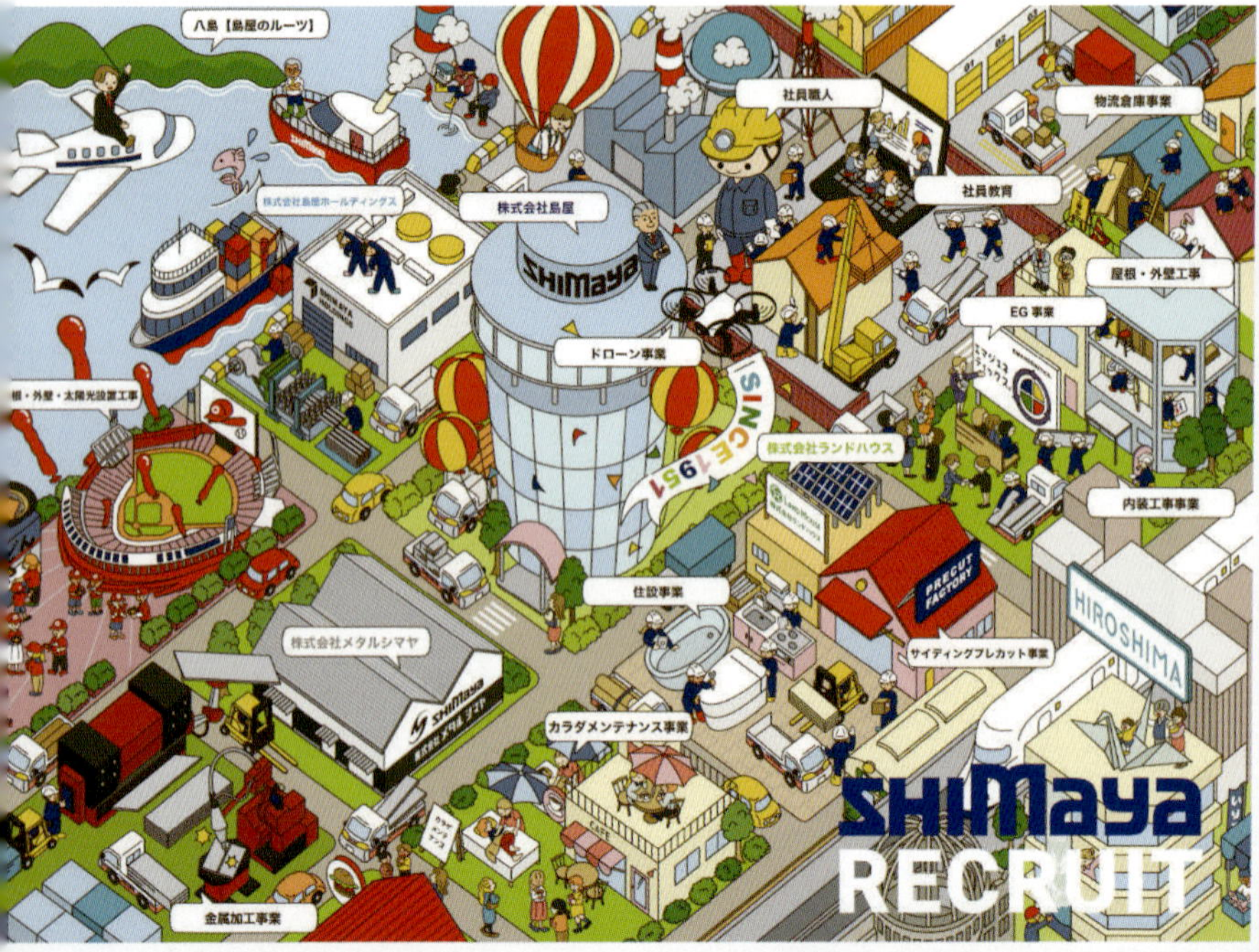

心理的安全性
があがり、成果があがる

全員経営の仕組み

島屋グループ代表
吉貴隆人

あさ出版

はじめに

●社員が誇りを持って働ける会社を目指す

私が代表取締役を務める**「株式会社島屋」**（広島県広島市）は、建材（建築工事に使われる材料）の成型加工と販売を行う会社です。

おもに、工場・倉庫・大型施設などの非住宅用、および一般住宅用の屋根材、外壁材を取り扱っています。

創業は1951年（昭和26年）。祖父の吉貴吉男が個人会社「嶋屋商会」として発足させ、1959年（昭和34年）、「株式会社島屋」に法人組織に変更しました。

【株式会社島屋の事業内容】（本社：広島市、営業拠点：山口市、周南市、下関市、

東京都）

・建材販売

創業時から島屋の中核を担っている事業です。外装建材の取り扱いは、中国地方ナンバーワンの規模です（広島県、山口県が中心）。

・屋根・外壁工事

屋根や外壁などの施工管理業務を行っています。施工前から完成までの全工程を管理し、お客様に安心してご利用いただける工事を提供しています。「ＭＡＺＤＡ　Ｚｏｏｍ－Ｚｏｏｍスタジアム広島」の屋根および、太陽光発電設備の施工実績もあります。

・内装工事

トイレブースや各種パーティション（間仕切り）、ＪＦＥビューボード（スクリーン・ホワイトボード・内壁材の3役をこなすボード）の設置工事を行っています。

・EG事業

EGとは、「エマジェネティックス®」の略です。エマジェネティックスは、脳神経科学と統計学を駆使してつくられた心理測定ツールです。当社ではエマジェネティックスの導入を進める企業に対し、研修・コンサルティング・カウンセリングを提供しています。

・食品販売・通信販売

瀬戸鉄工（広島県呉市）が開発した「焼きだし」を販売しています。

1994年（平成6年）には、島屋の外装事業部門を独立させて**「株式会社ランドハウス」**を、2006年（平成18年）には鉄鋼本部を独立させて**「株式会社メタルシマヤ」**を設立してグループ化。現在は私が3社の代表取締役を兼務しています。

【株式会社ランドハウスの事業内容】（本社：広島市、営業拠点：廿日市市、福山市、

岡山市、防府市）

外壁工事、屋根工事、樋工事（屋根に溜まる雨水を流す排水工事）の施工管理、浴室やトイレなどの住宅設備機器の販売、および工事の施工管理を行っています。

【株式会社メタルシマヤの事業内容】（本社：広島市、営業拠点：下関市）

配電盤、スチールドア、シャッター、ダクトをつくるために必要な鉄板を加工・販売。鉄板以外にもアルミやステンレス、パイプや条鋼《じょうこう》（平らでない鋼材）なども取り扱っています。

国内建設市場の成熟にともない建材業界の停滞が予測される中、島屋グループは堅調に業績を伸ばしています。

また、新卒採用に力を入れた結果、組織の若返りが進んでいます。

建材業界を含む土木・建設業界全体は人手不足に悩まされていて、将来を担う若手人材の確保が難しい状況です。建設業就業者は、２０２３年には55歳以上が約36％と、高齢化が深刻です（日本建設業連合会調べ）。しかし島屋グループでは、現在、**20代が全社員の3分の1を占めています**。

当社で扱っている建材は、他社でも購入できるものです。にもかかわらず当社が「中国地区ナンバーワン」のシェアを占めているのは、技術・機械の精度や在庫量以上に、「社員の若さ（若さに裏打ちされた実行力）」にほかなりません。

島屋グループが毎年欠かさず新卒採用を続けているのは、「自由な発想で新しいことにチャレンジする若い力」が、会社を推し進める原動力になると信じているからです。私は、社長就任当初から、

「社員が誇りを持って働ける会社」

をつくりたいと考えており、その実現に不可欠なのが、新卒社員（若手社員）なのです。

●心理的安全性の向上と全員経営の実現を目指す

私が社長に就任したのは、2010年です（社長就任に至った経緯は、第1章で詳述します）。

社長に就任後、私は島屋グループの経営理念を刷新しました。

【経営理念】
1　誇りを持って働ける会社にする
2　お客様・仕入先・地域社会に貢献できる会社にする
3　利益を還元できる会社にする

社長に就任する前（私の専務時代）、社内は殺伐《さつばつ》としていました。リーマンショックの余波で70億円あった売上は46億円にまで急落。明るい兆しはうかがえず、職場には不満が溢れ、私をはじめ、社員の多くが居心地の悪さを感じていました。

専務だった私でさえ、会社に「行きたくない」「いたくない」と腐り気味だったのですから、社員が「この会社で働きたい」と思うはずはありません。

「どうしたら、職場に漂う閉塞感や硬直感を払拭できるのか……」

新しい経営理念の一番目に、

「誇りを持って働ける会社にする」

と掲げたのは、社員が「この会社を大切にしたい」と思える環境を整えることが、最優先課題だと考えたからです。

専務時代の私に欠けていたのは、

「社員一人ひとりの意思を尊重すること」

「社員各自が持ち味を発揮、活躍できる環境を整えること」

です。私は、リーマンショックを機に、

「従業員満足度が高い会社は、従業員の前向きな姿勢がサービスに反映され、結果としてお客様満足度を高める」

「社員が、生活の糧を得るために、嫌々ながらしかたなく働く会社に明るい未来はない」

ことを思い知らされました。

新社長として私が一番に考えなければならないことは、会社に対する（仕事に対する）社員の充足感を高めることです。

社員が誇りと愛着を持てる会社をつくるために、私は経営の舵を切り直す覚悟を決めたのです。

2015年以降、業績は回復。コロナ禍を経て、現在は**心理的安全性の向上**と**全員経営の実現**に向けた組織改革を進めています。

心理的安全性とは、役職や年齢を問わず、誰もが自分の意見を言い合える状態のことです。心理的安全性が高くなれば、人間関係のストレスが軽減されると同時に、社員一人ひとりの意見を尊重できます。

そして全員経営とは、社員の声を経営の意思決定に反映させることです。全員経営が実現すれば、社員は自主的に仕事に取り組み、自分のやりたい事業を提案、具現化できるでしょう。

「学生時代の部活動と違い、島屋グループでは先輩や上司など、周りの人に話を聞ける環境が当たり前にあります。

それだけでなく、こちらのことを気にかけてくれます。そのような環境があることで、新入社員のときから意見を言いやすかったですし、仮にそれが間違っていても、否定されることなく、アドバイスをいただけて、とても働きやすく感じています」（I・H主任、メタルシマヤ本社営業部、2020年入社）

「配線の仕事を、新規事業として立ち上げられないか考えたことがあり、その際に社長に社外に出向して修行させてもらえないか聞いたところ、『まったく問題ないよ』と言っていただきました。その後、リサーチをするなかで、配線業で利益を出すのは難しいことがわかりましたが、やりたいと思うことが否定されなかったのは嬉しかったです。

やりたいことや、新しいことにチャレンジしたいと思ったとき、発信や相談しやす

い環境にあって、とてもありがたく感じています」（T・K課長、メタルシマヤ山口営業所営業部、2013年入社）

「以前は、チャレンジすることがダメとは言われていなかったものの、いざやろうとすると窮屈な雰囲気が社内にありました。

ですが、今は、社員たちの中に『自分の意見を言っていいんだ。それによって会社を変えていいんだ』という意識が根づいていて、会社側もそれを受け入れようという雰囲気があります」（M・J専務、島屋、1990年入社）

まだまだ道半ばではありますが、社長就任当時に比べ、社員のやる気や笑顔が格段に増えたように思います。

なぜ、島屋グループは、リーマンショック後の経営悪化から立ち直ることができたのでしょうか。

なぜ、人手不足と言われる建築業界で、毎年、新卒社員を採用できるのでしょうか。
なぜ、島屋グループの「入社後3年以内の離職率」がゼロなのでしょうか。
なぜ、島屋グループでは、人間関係のもつれが少ないのでしょうか。
なぜ、島屋グループの社員は、「自分の持ち味」を発揮できるのでしょうか。

本書では、島屋グループの経営改善の仕組みについてご紹介します。
中小企業の経営者はもとより、建築業界で働くビジネスパーソン、就職活動中の大学生など、多くの方の一助となれば、著者としてこれほど嬉しいことはありません。

株式会社島屋
株式会社ランドハウス
株式会社メタルシマヤ
代表取締役　吉貴隆人

島屋グループの売上年計グラフ

●「年計」とは、「1 年間の数字のトータル」であり、その月から直近の 1 年間の数字をまとめたもの。移動累計ともいう。長期的な傾向をとらえると同時に、短期的見通しを立てるのになくてはならない。島屋グループでは「年計グラフ」を社内に掲示している。

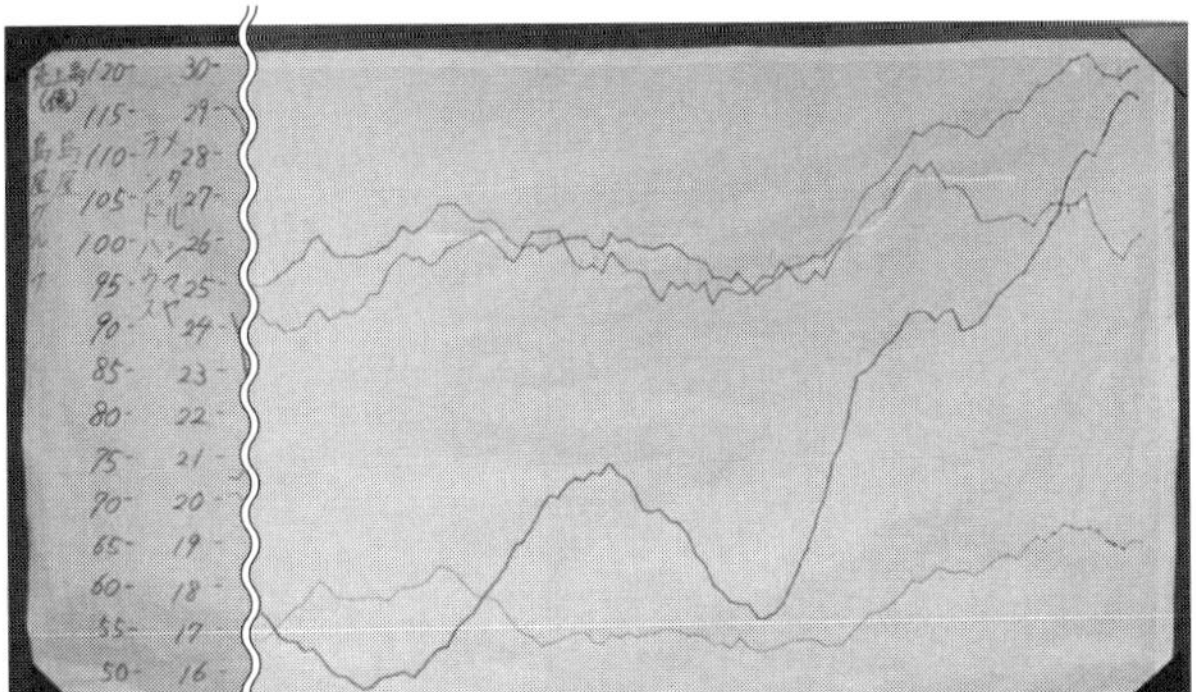

売上右肩上がり！

第1章　社長が「みんながやりたい事業をやろう」と言う理由

第2章 全員経営を実現する心理的安全性を高める仕組み

第3章 すべての人材を成長させる教育の仕組み

第4章 全員経営を強化するマネジメントの仕組み

編集協力／藤吉　豊（株式会社文道）

第1章

社長が「みんながやりたい事業をやろう」と言う理由

リーマンショックを機に社長就任を決意する

●留学先に父から届いた「決算書」の意味とは？

私が島屋に入社をしたのは、2005年7月です。大学（慶應義塾大学法学部）を卒業してから5年後のことでした。

大学時代の私は、進むべき道を決めかねていました。頭の片隅では、「いつか、継ぐことになるのだろう」と意識しつつ、一方で、「本当に継ぐのか」「継ぐなら、いつ継ぐのか」、その決断を先送りにしていたのです。

大学卒業後（2000年）、私が選んだ道は、継ぐことでも、一般企業への就職でもなく、「イギリスに留学し、ロンドンの大学に入学すること」でした。

留学中は、リテールマネージメント（小売業の経営管理、流通業務）を履修。しかし、卒業を待たずに2年で中退を決めました。

中退のきっかけは、父である吉貴康二（2代目社長／先代）から送られてきた封書です。封書にメッセージはなく、どういうわけか、**島屋の決算書だけが入っていました**。当時の私は決算書を読むことはできませんでしたが、それでも、「損失が出ている」「決して順風満帆ではない」ことは理解できました。

父には一度も、「会社を継げ」と言われたことはありません。ロンドンまで決算書を送ってきた真意はわかりかねましたが、「島屋の経営に興味を持ってはどうか」という父からの助言と解釈して、私は経営に携わることを決心しました。

帰国後（2002年）は、預かり社員として、松下電工株式会社（当時）に入社します。「預かり社員」とは、取引先や関連会社から一定期間人材を預かって、その業界や業務について学ばせる制度のことです。

3年間の期限付きで、内装建材の設計、開発、営業、貿易業務（上海勤務も経験）など、多岐にわたって業務経験を積んだのち、2005年2月に退職。その後、日本鉄板株式会社（現：日鉄物産株式会社）で3ヵ月の研修を受け、2005年7月、29歳のときに島屋の一員となったのです。

●大口取引先の業績悪化に引っ張られ、島屋もピンチに

「いよいよ社長の息子が入ってきた」

「次期社長は息子だろう」

島屋の多くの社員が、私との距離感を測りかねていたと思います。入社3ヵ月で取締役に就任した「ボンボン息子」は、既存の社員にとって、腫れ物のような存在だったはずです。

私自身もそのことを自覚しながら、かといって自ら周囲と溶け込もうとはしなかったため、他の社員との関係は希薄なままでした。当時、私が身を入れていたのは青年

会議所の活動であり、社内にはさほど目を向けていなかったのです。

当時を知る専務のＭ・Ｊの証言です。

「現在の自分から社員に笑顔で話しかける姿からはまったく想像できませんが、社員と同じ空間にいても自ら話そうとしない社長でした（笑）」（Ｍ・Ｊ）

そんな私の意識が大きく変わったのは、入社して3年が経ったときです。

２００８年9月、アメリカの有力投資銀行であるリーマンブラザーズが破綻し、それを契機として世界的な金融危機が発生します。「リーマンショック」です。

アメリカで始まった金融危機は日本経済にも打撃を与え、多くの中小企業が倒産の危機に瀕《ひん》しました。

２００9年、島屋の大口取引先だったA社は、リーマンショックの余波に飲み込まれました。業績悪化に歯止めがかからず、資金調達のメドが立たず、民事再生手続を申し立てたのです。

寝耳に水でした。A社の民事再生に引っ張られる形で、島屋も窮地に立たされます。未回収の債権は1億8700万円に達し、キャッシュフローが悪化（最終的に、10年間で約6000万円の債権を回収）。島屋の業績を再浮上させるため、銀行交渉（融資の相談）や取引先に対する支払期日の延期提案など、私も資金繰りに奔走しました。

●父に直談判し、社長交代を進言する

社員（役職者）の給料は減額。賞与も払えない。業績不振にともなって社内の雰囲気は沈滞《ちんたい》し、社員の不平不満が噴出し始めました。

今までと同じやり方では、この事態を乗り切れないのではないか……。

社内の不満を解消するには、新しい仕組みが必要ではないか……。

そんな危機感が日を追うごとに増してきて、私はいよいよ腹を括《くく》りました。

「社長を変わってほしい。社長を任せてほしい」

と、父に直談判したのです。

「社長を譲って代表権のない取締役会長におさまるか、この先も社長であり続けるか決めてほしい。もし譲る気がないのなら、自分が会社を辞めるつもりだ」

父は私の進言を受け入れ、2010年1月1日付で私が代表取締役に就任しました。

●社員の離職を「危機」ではなく「好機」ととらえる

とはいえ、社長交代後、しばらくは迷走が続きました。新人社長の私には、会社の立て直しに必要な知見が不足していたのです。

そこで、経営実務を学ぶため、2011年以降、外部コンサルタント（株式会社武蔵野）に師事しています。

会社を変えるには、新しい仕組みが必要です。ですが、新しい仕組みを取り入れようとすると、社員は反発します。人は習慣の生き物であり、変化を嫌うからです。一度手にした習慣をなかなか手放そうとしません。

反発を押し切ると、社員は辞めていきます。コンサルタントの指導のもとで組織改善に注力し、「経営計画書」（会社の数字、方針、スケジュールをまとめたルールブック）や「環境整備」（整理、整頓、清潔を徹底して、社内の業務改善と社員教育を進める仕組み）など、さまざまな仕組みを導入しました。

すると次第に「社長の考えについていけない」という声が上がり始め、1年間で社員の1割が会社を去っていきました。

「このままだと離職者が増えるかもしれない。傷口が広がる前に元のやり方に戻すべきではないか……」。逡巡《しゅんじゅん》しながらも、最終的に「進み続ける」「改革を続ける」という決断をした理由は、

「会社に残ってくれた人たちを大切にして、彼らが自分の持ち味を発揮できる会社にしよう」

「これからは新卒採用にも力を入れて、組織の新陳代謝をうながしていこう」

と、ポジティブに解釈し直したからです。

古いやり方に固執する社員が辞め、柔軟性の高い社員（会社の方針を受け入れる社員）が増えれば、社員の離職は危機ではなく、新しい会社に変わるための「好機」になるはずです。

リーマンショックで沈んだ業績は、2015年以降、上昇傾向に転じます。

当社が持ち直すことができたのは、**既存社員を大切にすると同時に新卒採用に力を入れたことで、組織改革のスピードが上がったからです。**

積極的な新卒採用こそ組織改革の命綱である

●何色にも染まっていない人材が組織に活力をもたらす

島屋グループでは、２０１０年（２０１１年度新卒入社）から**新卒採用**を始めています。２００９年までは、新卒採用に消極的でした。新卒採用は1年がかりのプロジェクトです。新卒一人あたりの採用コストは、数百万円におよびます。

時間とお金をかけて募集をしても、採用できるとはかぎりません。採用できたとしても、辞めないとはかぎりません。辞めなかったとしても、戦力になるとはかぎりません。「新卒採用はデメリットのほうが多い」と思えたのです。

ですが現在は、「新卒採用に力を入れなければ、組織改革は進まない」と確信しています。新卒採用には、おもに次のメリットがあります。

【新卒採用のメリット】

◎会社の方針を素直に共有し、即座に行動できる人材が増える

「かつての島屋」を知る社員のなかには、「今のやり方」と「以前のやり方」のギャップに戸惑い、価値観の共有に時間を要することがあります。

一方、新卒社員は業務経験、社会人経験がないため、特定の企業カラーに染まっていません。固定観念に縛られていない分、自社の価値観、文化、仕事のやり方に馴染みやすい。「今の島屋の考え方」「今の島屋のやり方」を理解した上で入社してくるので、会社に対する共感度が高くなります。

◎既存社員の成長につながる

新卒採用は、既存社員（先輩社員）の成長にも貢献します。

「新卒社員に仕事を教える過程で、自分の知識やスキルを再確認できる」

「新卒社員を指導することで、マネジメントのスキルが養われる」
「新卒社員のフレッシュな視点に刺激を受けて、視野が広がる」
などの理由から、新卒採用は、既存社員の成長をうながすことが可能です。

◎「人に合わせて会社を変える」ことができる

社長は、時代の変化に合わせて、会社をつくり変えていかなければなりません。現状に甘んじることなく、変化し続けることが社長の務めです。

「新卒社員が採用できる会社」、そして「既存社員が自分の持ち味を発揮できる会社」であり続けるためには、「島屋はこういう会社だから、こうしなさい」と会社に人を従わせるのではなく、人に合わせて会社を変えることが大切です。

私が社長に就任した当時、島屋グループの平均年齢は約47歳でしたが、現在は組織の若返りが進んで、**平均年齢は約39歳**です。**20代が全社員の3分の1を超えた**ため、「20代が活躍できる組織への転換」を進めています。

ベテラン社員のやり方、考え方に若手社員が合わせるのではなく、若い世代の考え方にベテラン社員が合わせていく。新卒社員を採用することで、中堅、ベテラン社員の意識を変えることができるのです。

◎会社を成長させる好循環が生まれる

新卒採用によって、次のような好循環が生まれます。

・新卒採用をする

私（社長）の考え方や会社の文化に共感できる人材（価値観を共有できる人材）を採用。価値観が揃っていれば、社長と社員が「同じ優先順位」「同じ判断基準」で行動できる。

↓

・採用後、社員教育に力を入れる

新卒社員は前職の経験がないので、価値観を合わせやすい。

↓

・全社員の中で、新卒社員の占める割合が多くなる
社長の決定がすみやかに実行されるため、改善のスピードが速くなる。
↓
・改善が進むので業績が上がる

当社の新入社員は入社後数ヵ月間、「株式会社島屋」「株式会社メタルシマヤ」「株式会社ランドハウス」の3社をローテーションしながら研修を行います。

商品の種類・特徴などの知識を身につけたり、先輩社員との同行を通じて具体的な仕事内容について学び、その後、少しずつ担当を受け持ってお客様との信頼を築いていきます。

新人研修において価値観教育に焦点を当てているのは、強い組織をつくるため。社員が「島屋グループの歴史」「島屋グループの強み（弱み）」「ライバル会社との違い」「島屋グループの可能性」を理解してこそ、全員経営が可能になります。

島屋グループ採用実績

●過去3年間の新卒採用者数（男女別）

	男性	女性	合計
2024年	7名	5名	12名
2023年	7名	2名	9名
2022年	8名	2名	10名

●離職者

合計	
2024年	0名
2023年	0名
2022年	0名

定着率100％！

「採用に関する方針」を明確にして、自社にふさわしい人材を集める

●島屋グループが採用したい人、採用しない人

島屋グループの経営計画書には、**「採用に関する方針」**を明記しています。

「採用基準」「採用規定」を明確にしたことで、「島屋グループに適した人材」が採用できるようになりました。

「採用に関する方針」を一部抜粋して、「当社の採用の考え方」についてご説明します。

> 1　基本
> （1）価値観を共有できる人を優先して採用する。
> （2）現実・現場・現物（人物）を数多く体験させ、良いところ、悪いところを見せる。

　私は、「会社の業績は、社員の学歴や才能、能力で決まるのではなく、社員の価値観を揃えることで決まる」と考えています。いくら能力が高くても、会社の考え方に従えない人は、結果として戦力になりません。
　組織にとって大切なのは、優秀な人材を集めること以上に、「社員の価値観を揃えること」です。したがって新卒採用では、**「島屋グループの文化に共感できるかどうか」**を重視しています。

「現実・現場・現物（人物）を数多く体験させる」のは、入社前と入社後のギャップを埋めることができるからです。内定期間中から現実・現場・現物（人物）を体験させることで、**入社後の「こんなはずじゃなかった」を防ぐことができます**。

「就職活動中、ほとんどの会社は自社の良いところしかアピールしていない印象でした。しかし、島屋グループの説明会は少し違っていて、先輩社員の座談会ではこれは聞いたらよくないかなという質問にも包み隠さず答えてくださり、会社の実態を知ることができました。

何より、社長が直々に説明会に登壇し、会社の未来や就職活動のアドバイスをしてくださって、そもそも説明会に社長がいらっしゃることが初めての経験でしたし、何より新卒採用に全力を注いでいることが伝わってきました」（M・K、ランドハウス本社工事部工事課、2023年入社）

「島屋グループの選考で印象に残っているのは、会社のドアを開けたら社員の方が立って『いらっしゃいませ』と挨拶をされていたり、気さくに話しかけてくださったりして、すごくコミュニケーションをとってくださったことでした。しかも、その印象が会社に入ったあとも変わらず、いい意味で入社前後でまったくギャップがありませんでした」（S・H、島屋山口営業所営業支援部サポート課、2020年入社）

【現実・現場・現物（人物）を体験させる理由】

- 業務内容を実地体験できる。
- 島屋グループの社風、文化に早くなじむ。
- 先輩社員とコミュニケーションが取れる。
- 大学生活とは違う体験をすることで、ストレス耐性が上がる。

2／採用基準

新卒は採用担当が行い、中途は各部門の責任者が行う。

（1）新卒

①学歴や成績は参考程度にしか評価しない。

②総合職に加え、技術者（社員職人）も採用する。

（2）中途

①高学歴で転職回数の多い人は採用しない。第2新卒や社員経験のない人を優先する。

②ライバル会社にいた経験者は社長の許可を取る。

③退職した人の再雇用をする。

手助けした人に30万円を3年に分けて手当として支給する。

④再雇用の最初の雇用契約は3ヵ月とする。

「学歴や成績は参考程度にしか評価しない」のが、採用のルールです。

高学歴者や成績優秀者だけを集めて組織を組んでも、組織はまとまりません。組織力を高めるためには、異なる役割（異なる個性）を持った人たちが、全体の目標を共有して補完し合う組織をつくることが必要です。

島屋グループの採用活動①

●採用 Instagram

●合同企業説明会

島屋グループの採用活動②

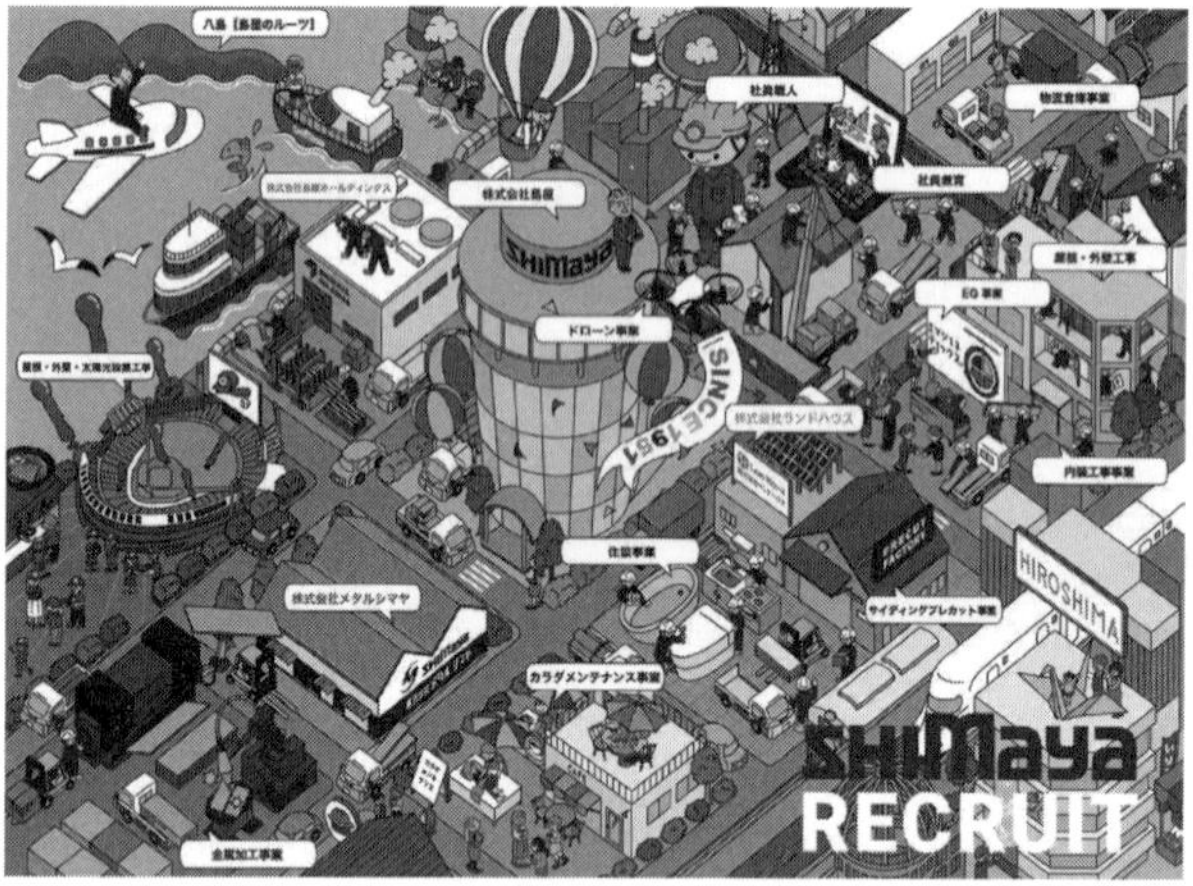

会社のビジョンをイラスト化して就活生に訴求する

当社は、「中途採用」にも積極的です。時代の変化に適応するためにも中途採用を行って、組織の新陳代謝を図っています。

私が見てきた「高学歴で転職回数の多い人」には、「我慢ができない」「すぐに人とぶつかる」「プライドが高い」といった共通点がありました。したがって、採用を見送っています。

社員を大事にするためには、社員の特性を知ることが前提

●心理測定ツールを使って、社員の持ち味を視覚化する

前述したように、

「社員一人ひとりの意思を尊重する」

「社員各自が持ち味を発揮、活躍できる環境を整える」

ためには、前提として、

「社員の特性（持ち味）をお互いが理解する」

ことが不可欠です。

そこで島屋グループでは、社員の特性を理解するため、「**エマジェネティックス**®」

（以下ＥＧと表記）という分析ツールを活用しています。

【エマジェネティックス®】https://shimayas.co.jp/description/emergenetics/
脳神経科学で得られた知見をもとに、統計学を駆使してつくられた心理測定ツール。人間の思考特性と行動特性を分析することができる（個人の能力を測定するものではなく、特性を測る）。

エマジェネティックスは、「エマージュ」（明らかになる・表れる）とジェネティクス（遺伝子）を組み合わせた造語。

診断テスト（100項目からなる質問の回答）の結果から、プロファイル（分析結果）を作成。その人の特性を「3つの行動特性」と「4つの思考特性」で分析する。EGのプロファイルでは、どのような数値が出ても「欠点」とはみなさず、その人の「特性」として解釈する。

◎3つの行動特性

・自己表現性……自分の感情を「他人に発信したい」というエネルギーの強さ
・自己主張性……自分の考えや意見を「他人に受け入れてほしい」と感じる頻度と、エネルギーの強さ
・柔軟性…………自分と異なる考えや状況、行動を受け入れようとするエネルギーの強さ

それぞれの行動特性は「棒グラフ」によって示され、「左寄り」「真ん中」「右寄り」の3つの段階に分かれています。

右寄りに行くほど、その特性が強くあらわれ、左寄りになると、逆に控えめにあらわれます。真ん中は、場合によって、左寄りにも右寄りにもなります。

たとえば「自己表現性」が「左寄り」の人は、会議や打ち合わせでは「聞き役」のことが多かったり、感情をあまり表に出さず、表情やジェスチャーが控えめだったりする傾向があります。

逆に「右寄り」の人は、会議や打ち合わせで「話し手」になることが多く、声、身

振り、手振りが大きい傾向にあります。

◎4つの思考特性

・分析型……………数字やデータにもとづく論理的な分析によって理解を深める
・構造型……………計画通りに実行することを好む。予測できる未来を好む
・社交型……………人との関係性を重視する。人の気持ちを最優先する
・コンセプト型……さまざまなことに関心、興味、注意が向く。次々と変化する

人は誰でも「4つの思考特性」をすべて持ち合わせています。ですが、「4つの特性をほぼ同じ割合で使う」とは限りません。どの特性がどれだけの割合を占めているかは、人それぞれ異なります。

EGのプロファイルを見ると、

・どのような考え方をする傾向にあるか

・どのような行動を取ることが多いか
・どのような学習方法を好むか
・新しい状況に対して、どのようにアプローチする可能性が高いか
・人からどう見られ、人にどう反応することが多いか
・何を得意とし、何を不得意としているのか
などが明らかになります。

当社はEGを導入したことで、

「あの人には、論理的に分析する仕事を任せてみよう」

「あの人は計画通りに物事を進めるのが得意なので、ルーティンワークを任せてみよう」

「あの人はさまざまなことに関心を持っているので、新規事業を任せてみよう」

といったように、**社員の特性に合わせた人事異動や役割分担が可能になりました。**


また、自分のプロファイルがわかると、社員は「自己否定」をすることが少なくな

ＥＧのプロファイル

●思考特性

分析型
合理的思考・論理的
無駄を嫌う
理由や目的を重視
コンセプト型
ユニークであることを
好む・ビジョンや新しい
アイデア、未経験の事に興味
構造型
予測できる未来を
望み不測の事態を避けたい
詳細プロセス・ルール
ガイドラインを重視
社交型
他人の感情や人と人との
関係を重視・感情的
共感的

●行動特性

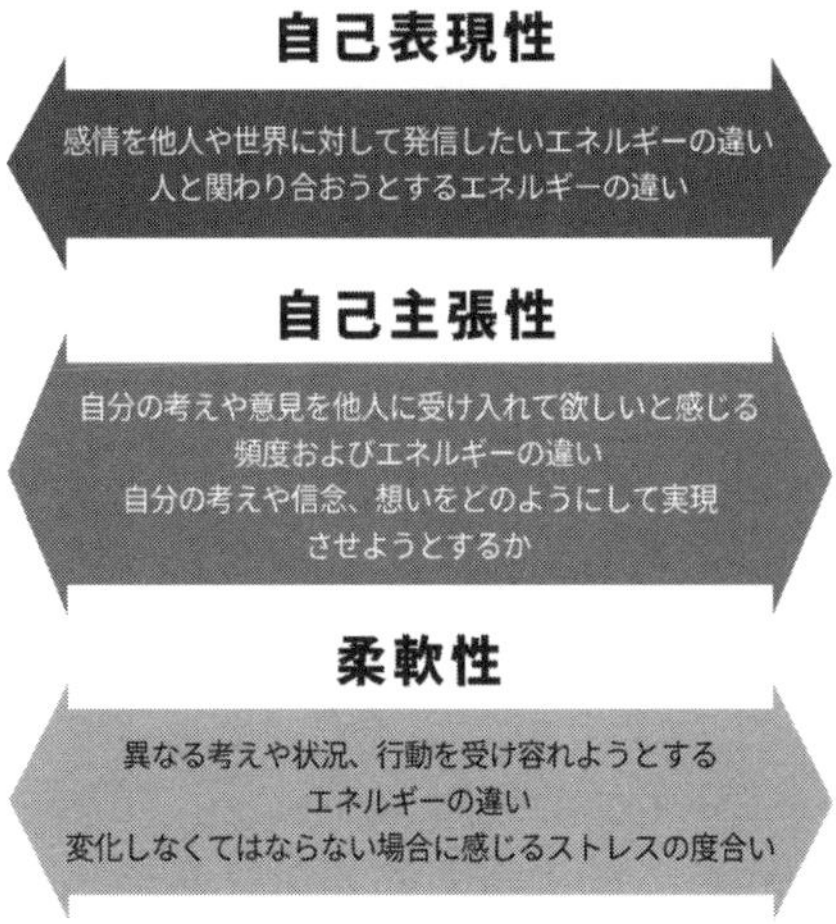
自己表現性
感情を他人や世界に対して発信したいエネルギーの違い
人と関わり合おうとするエネルギーの違い
自己主張性
自分の考えや意見を他人に受け入れて欲しいと感じる
頻度およびエネルギーの違い
自分の考えや信念、想いをどのようにして実現
させようとするか
柔軟性
異なる考えや状況、行動を受け容れようとする
エネルギーの違い
変化しなくてはならない場合に感じるストレスの度合い

ります。社員のなかには、仕事がなかなか覚えられないとき「自分には能力がない」と自信をなくす人がいます。

ですが、自分が今まで「欠点」だと思っていた言動が、じつは「特性であり、持ち味」であることがわかれば、自分を卑下する必要はありません。ある仕事が苦手だとしたら、それは能力が低いからというよりも「向いていない」（その人の特性に合っていない）ことが大きな要因です。

「以前は自分と意見が違う相手に対して『なんで理解してくれないの⁉』とストレスを感じることが多かったですが、今では『その違いが私の弱点を補ってくれているんだ』と思えるようになりました。

ＥＧを理解することで多様性を認められるようになりましたし、自分自身にも自信が持てるようになったと感じています」（Ｋ・Ｋ課長、島屋本社・三次工場製造部、２０１１年入社）

「ＥＧは、一言でいうと性格の見える化だと思っています。自分自身のプロファイルを見て自身の特性を分析することで腑に落ちることがたくさんありました。そのなかで自分が得意なことやそうでないことを再認識し、自分に足りないものを部下に助けてもらうようにしています。

また、部下のプロファイルを確認しながらそれぞれの特性を理解し、彼らの行動を振り返ることで、『だからこうだったんだな』と納得できる事例がたくさんありました。部下との面談や仕事を割り振るときに活用しています。ＥＧを学び出して、社員間での相互理解が深まったことで、ストレスが以前に比べて軽減しているように感じます」

（Ｈ・Ｔ本部長、ランドハウス工事部・営業部、１９９９年入社）

島屋グループの経営計画書には、全社員のプロファイルが掲載されています。相手の特性がわかれば、相手に合わせたコミュニケーションが可能になるため、社内の心理的安全性が高くなります。ＥＧを活用した心理的安全性の高め方については、第3章で詳述します。

「全員経営」で、社員の声を経営に反映させる

●会社の方向性を決めるのは、社長ではなく社員

島屋グループは、コロナ禍以降、**全員経営**に向けた組織改善を進めています。「社員のやりたい事業ができる環境を整える」ためです。

全員経営とは、社長がトップダウンですべての方針、計画を決めるのではなく、**現場主導で（ボトムアップで）経営計画を立案する**経営スタイルです。

・トップダウン……社長が経営方針を決定し、現場の社員はその指示を厳守する。
・ボトムアップ……社員が提案やアイデアを出し、それを集約して経営者が意思決定

する。

かつては、方針、経営目標（売上高、粗利益額、経常利益など）、長期事業構想など、島屋グループの経営計画は、すべて私ひとりで策定していました。そのほうが「意思決定のスピードが速い」「社長の考えを周知できる」からです。

現在は、ボトムアップに移行しています。島屋グループの経営方針のたたき台をつくっているのは、私ではなく、「現場」（＝幹部社員）です。

社員教育に力を入れた結果、

「社員の考える力が育ってきた」

「社長と経営幹部の価値観（考え方）が揃ってきた」

ため、「現場社員の声」を積極的に経営に反映しています。

経営計画書の方針は、毎年、幹部社員がアセスメント（評価、分析）しています。

「この方針は実行できた」

「この方針は実行できなかった」
「この方針は成果が出た」
「この方針は成果が出なかった」

と評価をし、中止する方針、続行する方針、修正する方針の素案を作成。その素案を私がチェックして、最終的には社長の責任において、翌期の方針を確定しています。新しい事業や企業文化をつくるときも、トップダウンではなく、現場で働く社員を中心に取り組んでいます。

【ボトムアップ経営のメリット】

・現場主導の改善が進む

社内でもっともお客様の顔が見えているのは、社長ではなく、現場社員です。だとすれば、現場主導で組織改善を行うほうが理にかなっています。また、お客様やライバル企業の変化にも柔軟に対応できます。

・社員の主体性が醸成される

自分の意見・提案（自分のやりたい事業）が経営に生かされるため、社員は自ら考えて行動するようになります。仕事の意義ややりがい、責任感といった当事者意識も芽生えやすくなります。

現場は、自身の意見に耳を傾けてもらえることで不満がたまりにくくなり、仕事のモチベーションが高まります。

・社員の「参画意識」が高まる

自分たちの考えが会社の方向性を決めるため、数字や方針に対する行動責任を社員が自覚します。

・今までとは違う観点で新規事業を立ち上げることができる

中国地方の建材業界は成熟されており、新規顧客の獲得が難しいため、会社をこれまで以上に成長させるには、新規事業の立ち上げが不可欠です。

ところが私の思考特性（ＥＧのプロファイル）は、「コンセプト型の割合が少ない」ため、「次々とアイデアを思いつく特性」「新しい発想がポンポン浮かんでくる特性」ではありません。

したがって、社員のアイデアや提案をくみ上げたほうが、社内に創造性をもたらすことができます。

成功確率が低くても、新規事業を任せる理由

●「やりたい」ことがあるなら、任せてみる

島屋グループでは、定期的な面談のほかに、社員に**「自己申告書」**の提出を義務づけています。

「現在の仕事に対する自己評価や満足度」のほかに、「今後のキャリアに関する要望」「担当したい仕事」などを把握するのが目的です。

社員から新規事業の提案があった場合、頭ごなしに「ノー」と否決することはありません。「失敗の可能性が高いからやめよう」ではなく、「どうすれば実現できるか考えよう」と、建設的に検討します。

もちろん、「その新規事業が失敗すると、会社が倒産するほどの大きなリスクが生じる」のであれば、私も止めます。ですが、会社の存続に関わるような大規模事案が社員から上がってくることはまずありません。したがって、基本的には余計な口出しはせずに、

「やってみよう」

と背中を押しています。

社員の「やりたい」を尊重する。

「やりたい」ことがあるなら、任せてみる。

失敗しても、撤退すればいいだけのことです。経済産業省の調査（2017年版「中小企業白書」）によると、新規事業に取り組んだ中小企業の中で「成功した」と回答した割合は約28・6％でした。「新規事業の成功率は低く、大半は失敗する」ことを理解した上で、「ここまで損失が出たら、やめる」という撤退ラインを決めておけば、

自己申告書で社員の「やりたい」を可視化する

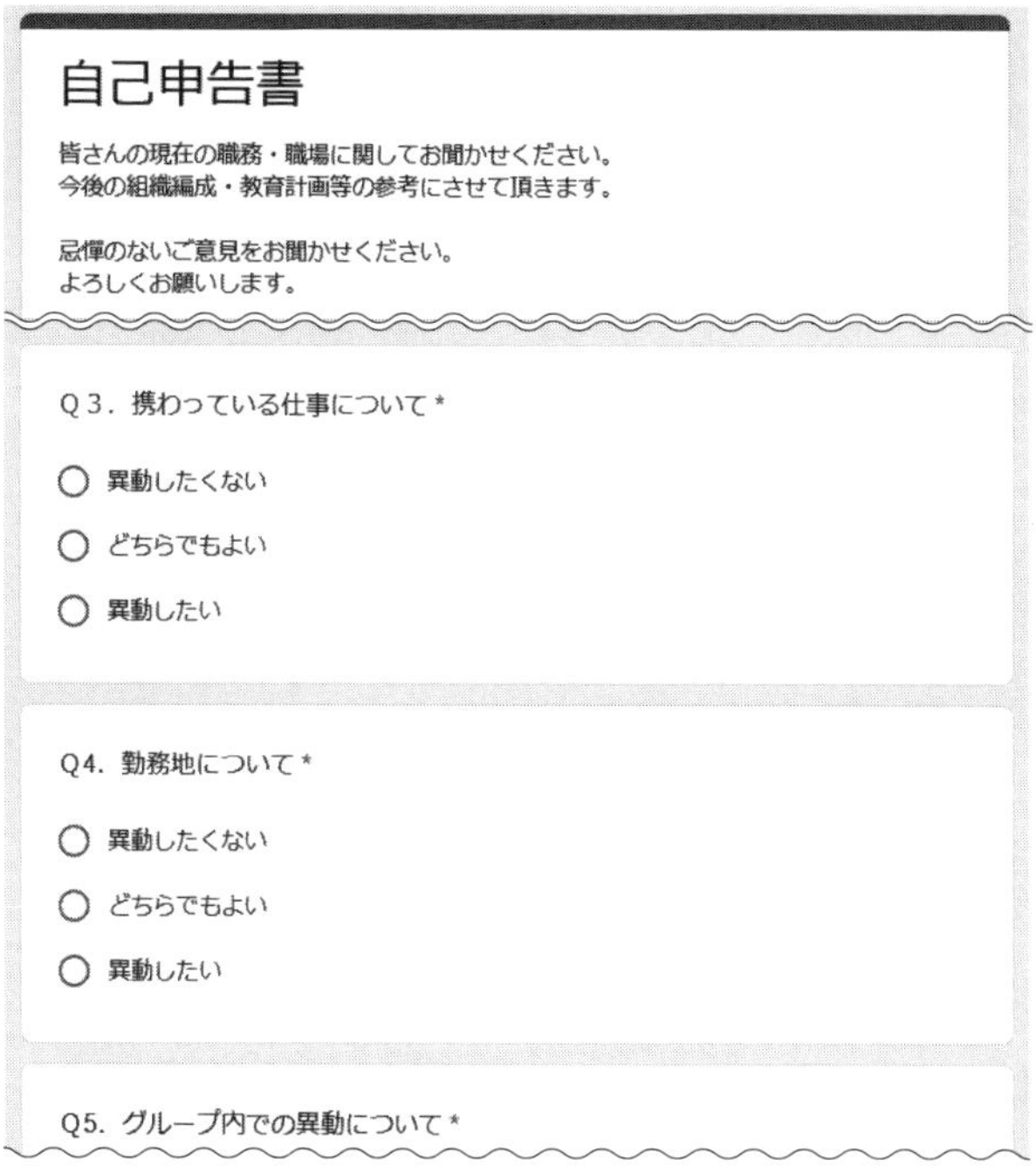
自己申告書

皆さんの現在の職務・職場に関してお聞かせください。
今後の組織編成・教育計画等の参考にさせて頂きます。

忌憚のないご意見をお聞かせください。
よろしくお願いします。

Q３．携わっている仕事について *

○ 異動したくない

○ どちらでもよい

○ 異動したい

Q4．勤務地について *

○ 異動したくない

○ どちらでもよい

○ 異動したい

Q5．グループ内での異動について *

万が一失敗しても経営を揺るがすことはありません。

●成功しなくても、失敗の経験が力になる

現在、島屋グループでは、新規事業として「サウナ機器販売事業」を計画しています。サウナ製品の販売会社と代理店契約を結んで、九州地区を中心に家庭用サウナを販売する事業です。

この事業の発案者は、ランドハウスの社員です。幹部社員からは、反対意見も出ましたが、私は承認しています。

ただし、成功するかどうかはわかりません。

それでも**私が反対しないのは、**

「新しい事業にチャレンジして、それに向けて具体的に動き出す」

「失敗をしてもいいから、新しいことにチャレンジする」

という行動力と現場力（社員が主体的に課題を発見・解決する力）は、必ず島屋グ

ループの財産になるからです。

「新たにＥＣ事業を立ち上げる際、既存のＹａｈｏｏ！ショッピングだけでなく、楽天市場やＡｍａｚｏｎへも出店させてもらい、外部のコンサルティングも導入していただき、手厚くサポートしていただいています。３年後に売上１億円、５年後に売上５億円を達成して、独立部門化を目指しています」（Ｓ・Ｓ本部長、島屋人事教育部・システム営業部、２０００年入社）

「現業とは全く異なるカイロプラクティック事業の立ち上げに向けて、全国のカイロプラクティックの施術や研修を経験させてもらいました。経験することによって事業化には向かないと判断しましたが、『とりあえずやってみる』ことを認めていただいたことで、次の糧になりました。次はラーメン屋の立ち上げを密かにねらっています」（Ｈ・Ｍ本部長、メタルシマヤ、２００３年入社）

「採用担当をしていたときに、採用活動に取り入れたいツールややってみたいことなどを提案して受け入れていただきました。結果がよくなかったとしても、島屋グループでは挑戦したことを評価していただけるので、何事にもチャレンジしようという気持ちになれます」（T・R主任、島屋山口営業所山口建材営業部、2019年入社）

もちろんこうした社員たちの挑戦の成功を信じていますが、たとえ**成功しなくても、失敗の経験は社員の力に変わります**。

専務のM・Jも、失敗から学ぶことが多いと言います。

「上がってきた提案を実行するとどのような結果になるか、予測がつくこともありますが、できるだけ口を出さないようにして『やってみたら』とやらせています。本人が身をもって痛い思いをすることで初めて学び、成長できるのです。私自身、さまざまな失敗をしてきましたから、実感を持って言えます。だから、失敗をすると、笑顔でほめられる。島屋グループには、そのような文化がありますね」（M・J）

その結果、グループ全体に新しいことに積極的にチャレンジする雰囲気が生まれてきているように感じます。

●許可を得るのは、先に動いてから

社員が「新しいプロジェクトをスタートさせたい」「こんなことをやってみたい」と考えたとき、一般的には、社長（上司）の許可が必要です。それは島屋グループも同じです。

ですが私は、「社長の承認を得てから動き始める」のではなく、

「自分の頭で考えて、先に動く」
「動き始めてから、上長の承認を得る」

という自主性、積極性を重んじています。

やりたいことがあるのなら、

「こういう案件があります。やってもいいですか？」

と、社長の許可、承認を待つのではなく、

「こういう案件があります。すでにテナントの候補を絞り終え、仮押さえをしています。このまま契約を進めていいですか？」

と、先に着手をした上で承認を得る。承認待ち、指示待ちは時間のロスにつながり、ビジネスチャンスが失われてしまいます。

島屋グループでは、

「勝手に行動したら怒られるんじゃないか」

「自分から先に動いて失敗するのが怖い」

「余計なことをすると、損をするのは自分だ」

といった理由で社員が「やりたいことに蓋をする」ことがないよう、権限の委譲範囲を明確にするとともに、リスクを取りやすい職場環境づくりを目指しています。

社員の「やりたい」を形にして、退職を思いとどまらせる

●新規部門を立ち上げて、社員のやる気を取り戻す

島屋人事教育部／システム営業部の係長、N・H（2012年入社）は、かつて退職届を準備して転職活動を進めていたことがありました。慎重派が多い社内において、Nは、

「新しいことが好きで、物事をスピーディーに進めたい」

「合理的で無駄を嫌い、革新的で独創的なアイデアを好む」

というプロファイルです（EGの分析結果による）。

Nは、社内のコミュニケーションに不安を抱くと同時に、「自分のやりたいことが

できないのでは……」と思い悩んでいました。

本人から「辞めたい」という申し出があったとき、Nに「何が不満なのか」「どうすれば島屋は良くなると思うか」をヒアリングすると、彼が「ＩＴを活用したシステムの開発やマーケティングに興味を持っている」ことがわかりました。

そこで、社内システムの開発・構築・定着、ＤＸ化の推進、ソーシャルメディアを活用したマーケティングをNに託すことを決め、慰留に努めた結果、Nは「島屋グループに残る」という選択をしてくれたのです。


「転職活動は順調に進んでいて、じつは内定も2社からいただいていました。ですが、『辞めないで進む方向』と、『辞めて進む方向』を天秤《てんびん》にかけたときに、新しい部署、新しいポストを用意していただけるのなら、『辞めないほうが今までと違う経験ができる』と思えました。

実際、辞めなくて正解でした。

私が退職を思いとどまって以降、社内には、『新しいことに挑戦しよう』という流

れが生まれやすくなったと思います」（Ｎ・Ｈ）

現在Ｎは、本人の希望もあって、ＥＧのセミナー講師としても活躍しています（ＥＧＩＪ認定シルバーパートナー）。

本人の特性と意欲を踏まえて仕事を託せば、Ｎがそうだったように、社員を再び輝かせることができるのです。

会社説明会で、「仕事は楽しいだけではない」と念を押す理由

●社員には「権利」と「義務」が両方ある

島屋グループは、

「社員のやりたい事業ができる会社」

です。

しかし、「やりたいことがやれる」ことと、「やりたくないことはやらない」ことは、同じではありません。

企業経営には、**「やりたくないけれど、必要不可欠なこと」**があるからです。

就活生の中には、内定を決める前に配属先の確約を求める人がいます。また、入社後の配属先が希望以外の部署・職種となった場合、転職を考える新入社員が増えています。

「自分のキャリアは、自分で決めたい」という就活生の意識の高まりを受けて、学生の希望に応えようとする会社も見受けられます。

ですが島屋グループでは、原則的に、配属先を確約する（就活生の希望を受け入れる）ことはありません。

就活生に向けた会社説明会で、

「仕事は、楽しいだけではありません。ときには、しんどいこともあります」

と繰り返しお伝えしているのは、当社は、

「やりたいことだけでなく、やりたくないことも、やらなければいけない会社」

だからです。

新卒社員の配属にあたって、本人の希望を優先しない理由は、次の7つです。

①社員には、守るべき「義務」があるから

社員には、「義務」があります。「会社の重要な情報を外部へ漏らさない義務」「会社の信用を失う行為を禁止する義務」「就業時間中は仕事に専念する義務」などのほかに、

「会社から与えられた業務をやらなければいけない義務」

があります。

②やりたくないことでも、頑張って取り組めば、自己成長の糧になるから

新入社員など、実務経験が少ない社員の場合、「やりたいことをやらせる」よりも、「やりたくないことをやらせる」ほうが、成長のスピードは速くなります。なぜなら、

・自分の強みや弱みを理解できる
・どのような状況でも、粘り強く取り組む力が養われる
・挫折や失敗から学ぶことができる

からです。

③行きたい部署に配属したからといって、辞めないわけではないから

就活生（内定者）の希望を叶えて配属しても、「思い描いていた仕事と違った」とギャップを感じて、早期退職につながることがあります。

④「やりたいことをやりたいようにやる」だけでは、組織は立ち行かないから

会社の業績を上げるために、「苦手なこと」をやらなければいけないときも、得意なことを一時的に棚上げしなければいけないときもあります。

社員全員が得意なことだけをやり続けていたら、組織は立ち行かなくなります。

⑤「何をやるか」よりも「誰とやるか」が大事だから

「好きな仕事をすること」以上に、

「価値観が揃っているメンバーや、お互いに信頼し合える同僚と仕事をする」ことが、仕事に対するモチベーションや満足感を向上させます。配属先が希望通りでなくても価値観の揃ったメンバーと一緒なら、モチベーションを保つことができます。

⑥「やりたいこと」と「本人の特性」が一致しているとはかぎらないから

島屋グループでは、前述したエマジェネティックスのほかに、さまざまな分析ツールを導入して、社員の能力と特性を可視化しています。

「やりたいこと」と「向いていること（能力や特性を活かせる）」は必ずしもイコールではありません。

「やりたいこと」をやらせても、能力や特性がともなっていないと成果が出にくいため、伸び悩みの原因になります。

⑦義務を果たしている人には「やりたいことができる権利」を与えているから

社員には、義務と同時に、「権利」が与えられています。権利には、「提供した労働力に対して賃金を受け取る権利」「休日や年次有給休暇を取得する権利」「残業代などの割増賃金を受け取る権利」「自由に退職する権利」などのほかに、「やりたいことを

『やりたい』と主張する権利」が含まれます。

島屋グループが目指しているのは、

「社員がそれぞれの持ち味を発揮できる会社」

「社員のやりたいことを実現する会社」

です。新卒時代はやりたいことがやれないかもしれない。ですが、与えられた仕事に対して、腐らずに、愚直に、真面目に、地道に、誠実に取り組み続ける社員には、

「やりたいことを『やりたい』と主張する権利」

「やりたい事業をやれる権利」

を認めています。

第2章

全員経営を実現する心理的安全性を高める仕組み

「自由に発言できる職場」「失敗を許容する職場」をつくる

●「心理的安全性」に関する方針をつくり、組織の風通しをよくする

島屋グループは、第66期の経営計画書（２０２３年度）に新しい方針を加えました。**「心理的安全性」に関する方針**です。

心理的安全性は、ハーバード・ビジネス・スクールのエイミー C・エドモンドソン教授が１９９９年に提唱した概念です。

島屋グループの「心理的安全性」に関する方針

心理的安全経営に関する方針

1. 基　本

（1）心理的安全性について学び続け、実践し続ける。
（2）心理的安全性が担保された組織にするために、エマジェネティックス®（EG）を業務の中で活用する。

2. 心理的安全性（Psychological Safety）とは

島屋グループ以外の人から見れば「無知・無能・ネガティブ・邪魔だと思われる可能性がある行動や発言」をしても、島屋グループのメンバーからはそのように思われることはないと信じることができる状態。

3. 多様性を理解し、活用する

（1）エマジェネティックス®が示す特性による違いを意識する。
（2）多様性が持つ力を学ぶ。
（3）特性が示す強みに着目し、他人の特性を尊重する。
（4）特性が示す苦手を意識し、特性によるエラー削減の努力をする。
（5）相手の特性に配慮したコミュニケーションをとり、結果にこだわり、成果を出す。

4. 心理的安全性の構築

（1）エマジェネティックス®を正しく継続的に学び、実践する。
（2）自分の苦手を補ってくれる特性に、感謝をする。
（3）相手の言うことを否定しない。
（4）他人から否定されても、特性の違いが引き起こしたエラーであると考え、プロファイルを分析する。
（5）自分とは異なる強みを信じ、任せる。

Googleのリサーチチームは、実証実験の結果として「心理的安全性は、チームの成功にもっとも重要な要素である」と位置づけています。

心理的安全性とは、

「チームのほかのメンバーが自分の発言を拒絶したり、罰したりしないと確信できる状態」

のことです。島屋グループでは次のように定義して、経営計画書に明記しています。

心理的安全性（Psychological Safety）とは島屋グループ以外の人から見れば「無知・無能・ネガティブ・邪魔だと思われる可能性がある行動や発言」をしても、島屋グループのメンバーからはそのように思われることはないと信じることができる状態。

次の４つの要素を取り除くことが、心理的安全性を高めるポイントです。

【心理的安全性を低下させる４要素】

・無知……「こんなことも知らないのか」と思われたくない。必要なこと、疑問に思ったことを質問できない。
・無能……「こんなこともできないのか」と思われたくない。ミスを隠したり、自分の考えを伝えない。
・ネガティブ（否定的）……否定的人間だと思われたくない。「それは違うと思う」と思っても、意見が言えない。
・邪魔……他人から「邪魔だ」と思われたくない。自分の存在が迷惑をかけているのではないかと思ってしまう。まわりに助けを求められない。

心理的安全性が保たれた職場では、
「組織の中で、誰に対しても、自分の考えを安心して発言できる」

ため、社員のモチベーションや生産性が向上します。

【心理的安全性がもたらすメリット】

・ミスをしても、それを理由に非難されることがないため、問題の早期発見につながる（心理的安全性が低い職場では、社員がミスやクレームを隠そうとする）。

・失敗を許容する職場になるため、新しいことにチャレンジしやすい。

・メンバー同士が遠慮なく発言できるため、これまでと異なるアイデアが出やすい。

・上司にも不安なく発言できるため、現場の声が経営に反映されやすい。

・忌憚《きたん》なく意見を出し合えるため、問題解決のスピードと質が上がる。

・自らの得意・不得意を伝え合うことで、相互補完関係を築くことができる（長所や持ち味を伸ばすことができる）。

・コミュニケーションが円滑になるため、人間関係のストレスが軽減されやすい。

●社長自らが率先垂範することが大前提

次項から、島屋グループの心理的安全性を高めるさまざまな仕組みを紹介しますが、そうした仕組みが機能する前提として、社長自らが率先垂範して、社員たちとコミュニケーションをとり、風通しのよさをつくる必要があります。

「かつて社員と話そうとしなかった社長が、なんでも話しやすい雰囲気をつくって、さらに自ら積極的に話しかけているから、我々、マネジメント層も部下に対して、同じような雰囲気でコミュニケーションをとれるのです。社長が変わったから、会社が

変わったと感じています」（M・J専務）

前章の冒頭でご紹介したように、私は、もともとは社員と積極的に会話をするタイプではありませんでした。社員とのコミュニケーションの必要性を感じて、意識的に自分のスタイルを変えてきたのです。

まずは、**トップが姿勢を示す**。心理的安全性の浸透に限ったことではないですが、中小企業にとって重要なポイントです。

コミュニケーションが不足すると心理的安全性が低下する

●人間関係の誤解が生まれるのは、相手の特性を知らないから

島屋グループでは、心理的安全性を高めるために、前述した **「エマジェネティックス（EG）」** を活用しています。

EGは、その人の「特性」を、思考特性と行動特性の2つに分けて明らかにするツールです。

プロファイルを見れば、その人の「考え方」「伝え方」「仕事の進め方」「コミュニケーションのとり方」などの傾向がわかります。

島屋グループの経営計画書には、全社員のプロファイルが掲載されています。相手の特性がわかると、

「どうしてこの人は、こういう行動をとるのだろうか?」

「何であの人は、あんなこと言ったのだろうか?」

といった疑問の答えを読み解くことができます。

たとえば、Aさん（部下）と、Bさん（上司）には、それぞれ、次のような思考特性があったとします。

・Aさんの思考特性……構造型

過去の実績にもとづいて物事を判断する。几帳面。計画通りに着実に実行するのが好き。会議では「具体的に言うと……」「どうやってやるのですか?」「いつまでにやるのですか?」などの発言が多い。

・Bさんの思考特性……コンセプト型

直感的に物事を判断する。マニュアルを読むのが苦手。会議では「とりあえずやってみよう」「適当にやっておいて」「細かいことはいいから」「じゃあ、そういうことで」などの発言が多い。

部下のAさんから見ると、上司のBさんは、「具体的な指示がない上司」「無責任な上司」に映ります。

一方、上司のBさんから見ると、部下のAさんは、「細かいことばかり気にする部下」「1から10まで説明しないと動けない面倒な部下」に映ります。

AさんとBさんは、お互いに、「相手がどうしてあんなことを言うのか」「どうして自分の発言を理解してくれないのか」がわからないため、二人の間に誤解や不信感が生じやすくなります。

そしてAさんはBさんに、BさんもAさんに苦手意識を抱いて、「あの人とは考え方が違う」「アイツとはそりが合わない」と相手を否定するようになります。

こうした人間関係の軋轢《あつれき》や誤解をなくすツールが、ＥＧです。

コミュニケーションが不足すると、メンバー間の信頼関係を築くことができません。信頼がない環境では、自分の考えや意見を共有することをためらうため、心理的安全性が低下します。

しかしＥＧを導入すれば、

「相手の発言に悪意はない」

「考え方、感じ方の違いは『特性』の違いでしかない」

ことがわかるため、相手に対する不満が軽減します。

相手に合わせたコミュニケーションをとる

●自分と相手の「普通」は違う前提でコミュニケーションをとる

相手のプロファイルがわかっていれば、相手に合わせたコミュニケーションが可能です。前述した部下Aさんと上司Bさんも、「相手に、どのような思考特性があるか」がわかっていれば、伝え方が変わります。

【相手の特性がわかれば、伝え方が変わる】

・AさんがBさんのプロファイルを理解する

↓

「上司のBさんはプロセスよりも結論を重視することが多いから、Bさんと話をするときは、結論から先に、端的に伝えるようにしよう」

・BさんがAさんのプロファイルを理解する

↓

「Aさんに指示を出すときは、『こんな感じで』では伝わらないので、具体的な仕事の手順を細かく教えるようにしよう」

コミュニケーションのすれ違いが生まれるのは、相手の特性を無視して、「自分の言いたいことを、言いたいように伝えている」からです。

EGのプロファイルを見ると、

・「自分の『普通』と、相手の『普通』は違う」
・「自分の中の『正解』が、全員の『正解』になるわけではない」
・「自分も正しくて、相手も正しい」

・「何に好意を感じ、何に嫌悪感を覚えるかは、人それぞれである」

ことが理解できます。したがって、ＥＧを活用すれば、お互いに歩み寄ることが可能です。

「あれが、あの人の個性だ。自分と違うからといって、あの人が間違っているわけではない」と相手を尊重するようになり、人間関係の許容範囲が広くなります。

島屋管理部・人事教育部のＫ・Ｈ（２０２２年入社）は、島屋グループへの入社を決めた理由を、

「選考を受けている段階から素の自分を出せたこと」

「就活用に自分を誤魔化すこともなく、自然体でいられたこと」

と述べています。

「人間関係の良さが入社の決め手です。『この会社なら自分を偽らずに働けるのではないか』、そう思って入社をして、実際にその通りでした。

本部長も係長も、キャリアの浅い私との壁を設けず、話しやすい雰囲気、相談を持ちかけやすい環境をつくってくださっています。お二方とも私のＥＧのプロファイルを理解した上で私とコミュニケーションをとってくださるので、人間関係のストレスに悩まされることがありません」（Ｋ・Ｈ）

メタルシマヤ山口営業所課長のＴ・Ｋも、

「私は自己主張性が左寄りで意見を出すことを苦手としていますが、社内で研修を受講している際に、こちらの苦手を理解してくれて、最初に意見を求めてくれたり、発信しやすい環境をつくってくれてありがたいなと感じるときがありました」

と述べ、社内でＥＧのプロファイルを共有し、理解することが働きやすさにつながると感じています。

●プロファイルを正しく理解することが前提

島屋グループでは各自のプロファイルを公表するとともに、ＥＧに関する定期的な研修を実施して、「トラブルが起きない」ように配慮しています。

ＥＧの教育をしない状態で全社員のプロファイルを公表すると、次のような誤解（トラブル）が生じることもあります。

・自分の特性を欠点として解釈してしまう
・プロファイルを能力分析と勘違いして、優劣をつけてしまう
・「苦手なことはやらなくていい」「自分はこういう特性だから、これができなくてもいいんだ」と、ＥＧを免罪符にして自分を変えようとしない
・少数派（ほかの人と違った特性が際立っている人）を疎んじる

したがって、「どうすれば自分の強みを発揮することができるのか」「どうすれば相

互理解を深めることができるのか」を学んだ上で導入しなければ、ＥＧを組織づくりに役立てることはできません。

当社では、**「ＥＧの特性による人格否定をしない」**ことを取り決め、経営計画書の**「倫理に関する方針」**に明記しています。

【倫理に関する方針】
相手を不愉快にさせる性的な言動（セクハラ）、職務上の立場を利用して、何かを強要したり、不愉快にさせる言動（パワハラ）はしてはいけない。エマジェネティックス®の特性による人格否定（イジハラ）をしない。

会社に伝えなかった「本当の退職理由」のトップとは？

●人間関係の悪化は、退職の決定打になりかねない

エン・ジャパン株式会社が発表した「『エン転職』1万人アンケート『本当の退職理由』実態調査（2022年10月）」によると、退職報告する際、会社に伝えた理由のトップは「新しい職種にチャレンジするため」でした。

一方で、退職報告の際、4割以上が、会社に「本当の退職理由を伝えなかった」と回答しています。会社に伝えなかった「本当の退職理由」のトップは、**「職場の人間関係が悪い」**です。「同僚や部下と相性が合わない」「上司からのプレッシャーを強く感じる」な

どの人間関係によるストレスが、仕事へのモチベーションを低下させています。

「給料が安い」「休みが取れない」「残業が多い」「やりたくない仕事をさせられる」「上司と気が合わない」「成果が出せずに自信が持てない」「新しいことにチャレンジしたい」「自分には向いてない」……。

社員が「会社を辞めたい」と思う理由はさまざまです。

ですが、どのような理由であっても、最後に退職希望者の背中を押すのは、人間関係の不満、つまり、コミュニケーション不足です。

コミュニケーション不足の職場では、最初は小さかった不満の種が次第に大きくなって辞めてしまいます。

社員の離職を防ぐには、コミュニケーションの量と質を向上させて、心理的安全性を高くすることが不可欠です。

心理的安全性の高い組織は、他人から拒絶される不安がないため、人間関係の質が良くなります。それぞれの個性や意見が尊重される職場づくりが、離職防止につながります。

給与、昇給、年間休日数、福利厚生といった条件だけでは人は定着しません。条件に納得して入社したはずなのに、会社を辞めてしまうのは、「人間関係」の不満を解決できないからです。どれほど待遇や条件が良くても、コミュニケーションが良くなければ、人は定着しません。

その意味でも、**EGは有効**だと話すのが、ランドハウス福山・岡山営業所の部長、S・Hです（2012年入社）。

「離職を防ぐために、EGを活用して、お互いの特性を理解しあうことが大切だと感じています。相手のプロファイルを知ることで、自分自身の言葉づかいが変わり、その人に合った言葉を発するよう意識できるようになりました。EGを知らなければ、自分の感覚だけでコミュニケーションをとって、エラーが生じ、離職者がたくさん出ていたと思います」（S・H）

●心理的安全性が高まると、新卒の定着率も高くなる

島屋グループでは、新入社員の教育に際して、**「お世話係」**というメンター制度を採用しています。

メンター制度とは、在籍年数や年齢の近い先輩社員が、新入社員を支援する制度のことです。

新入社員が自信を持ってコミュニケーションできるように、新入社員には2～4年目の若手社員がメンターを担っています。

・お世話係……先輩社員が、新人のフォローをする。直接の上司には弱音を吐けなくても、お世話係の先輩社員になら、悩みや不安を吐き出すことができる。

お世話係は、新入社員と特性が似ている先輩社員が選ばれます。

新入社員のためのメンター制度「お世話係」

特性が似ていると「自分にとっての普通が、相手にとっても普通」であるため違和感がなく、意見の対立が起きることもそれほどありません。

このメンター制度の導入により、新入社員の心理的安全性が確保され、コミュニケーションの質が向上。その結果、新卒社員の3年後定着率が上昇（入社3年以内の新入社員の離職率が低下）しています。

●「島屋グループを辞めたら損だよね」と思われる会社にする

厚生労働省が発表した「令和2年3月に卒業した新規学卒就職者の離職状況」によると、就職後3年以内の離職率は、新規高卒就職者が37・0％（前年度と比較して1・1ポイント上昇）、新規大学卒就職者が32・3％（同0・8ポイント上昇）で、離職者が増加傾向にあることがわかります。

今後ますます「人材の確保が難しくなる」と見込まれるなかで、社員の離職を防ぐ取り組みはとても重要です。

島屋グループでは、過去3年間の新規学卒者の離職者数は0人ですから、「若手社員の離職が少ない会社」だといえます。

当社は、社員の離職を防止するために、

「コミュニケーションを活性化する」

「社員面談を定期的に実施する」

「残業を削減する」

「公平性の高い人事評価制度を確立する」

「やりたいことができる環境をつくる」

「社員教育を充実させる」

など、さまざまな仕組みをつくり、「島屋グループで働きたい」という熱意を持った社員を増やしていきたいと考えています。

「島屋グループを辞めたら損だよね」「この会社でずっと働いていたいよね」と社員が会社に愛着を持てるようにしていくのが社長の務めです。

人材は、「未来につながる一番大事な資産」です。

一方で、私は「何がなんでも離職者を出さないようにする」「離職数をゼロにする」とまでは、考えていません。島屋グループを辞めて新しい道に進んだほうが幸せになれるのであれば、私は快く送り出すことにしています。

かつては、人が辞めていくたびに腹が立って、怒りとさみしさ、やるせなさをお酒の力でごまかしていました（笑）。ですが、今は違います。

「辞めたい」という社員がいれば、もちろん、引き留めます。ですが、彼らの前途を応援する寛容さも経営者には求められているのです。

コミュニケーションの質と量を向上させる

●社員同士の交流の場を意図的に増やす

島屋グループでは、ＥＧ以外にもさまざまな取り組みを通じてコミュニケーションの向上に努めています。

【心理的安全性に貢献するコミュニケーションの施策】一例

◎評価面談
◎サンクスカード
◎グループ懇親会

◎評価面談

幹部社員には、**「評価シート」**に基づいた部下との評価面談を義務づけています。社長や上司の主観で評価をすると社員はやる気をなくすので、業績、プロセス、方針共有（勉強会への参加回数）といった評価の項目を決め、点数化しています。点数化することで、「やったこと」を適正に、客観的に評価できます。

部下はまず、それぞれの項目について自己採点をします。上司も、部下の点数を採点します。そして、お互いの採点結果をすり合わせて、「点数の違い」について話し合います。

部下と上司では「見ている視点」が違いますから、当然、点数に差があります。その差を埋めることで部下は成長します。上司の一方的な評価ではないため、不公平感が生まれません。

評価面談で使用する評価シート

株式会社　島屋　評価シート

□の中は全て記入して提出すること

第65期下期　①営業部門（2～4等級用）

入社年月日		部門名	等級	氏名	期初　本人確認　年　月　日	期初　上司確認　年　月　日
年　月　日			等級		期末　本人確認　年　月　日	期末　上司確認　年　月　日

	素点	等級ウエイト（※表１参照）	倍率（※表１参照）	合計 少数第1位を5捨6入
業績評価点	④	0.	6倍	
プロセス評価点	⑤	0.	6倍	
方針共有点			3倍	
環境整備点	⑥		1.　倍	
総合計				

※表１（該当する部分を○で囲う）

	1等級	2等級	3等級	4等級	5等級	6等級	7等級	8等級
業績ウエイト	30%	30%	30%	50%	60%	60%	70%	80%
プロセスウエイト	70%	70%	70%	50%	40%	40%	30%	20%
環境整備倍率	1.1倍	1.1倍	1.1倍	1.2倍	1.4倍	1.4倍	1.5倍	1.7倍

※④⑤は少数第1位まで記入します。⑥は整数で記入します。

※この列は少数第1位を5捨6入し、整数で記入します。

※最低0.50～最高1.50で、少数第3位を5捨6入し、少数第2位まで記入します。

※この列は少数第2位を5捨6入し、少数第1位まで記入します。

ここは、吉貴職人さんのハンコの数をカウントしてください。

1. 業績評価

項目	目標 ① ウエイト	前年同期実績（千円）		当期実績（千円）	評価点 ② 達成度	③ 困難度	素点＝①×②×③
1. 個人粗利益額	20					1.0	
2. 各課粗利益額	20					1.0	
3. 各課営業利益額	20					1.0	
						業績評価素点合計	④

前期	今期	達成度	
プラス	マイナス	0.50	
マイナス	マイナス	[illegible]	前期＞今期
[illegible]	[illegible]	0.75	前期＜今期
マイナス	マイナス	1.00	前期＜今期 [illegible]
マイナス	プラス	[illegible]	
プラス	プラス	0.75～1.50	

面談ハンコ合計　個

営業利益の業績評価に限り、右表の前期・今期　両方プラス（0．75～1．50）を適用する

2．プロセス評価

評価項目	自己1月	上司1月	自己2月	上司2月	自己3月	上司3月	自己4月	上司4月	自己5月	上司5月	自己6月	上司6月	自己平均	上司平均
規則や指示にしたがい、意欲的に業務に精励したか														
業務上の連絡や事務的な報告は的確であったか														
新しい情報や新しい知識の吸収活動をおこなったか														
実行計画の重点施策は達成出来たか														
新規獲得・新商品の発掘にチャレンジできたか														
身だしなみが整っていて、清潔感があるか														
仲間とコミュニケーションをとり、人間関係が円滑か														
お客様、社内からの依頼に対してスピードをもって処理出来たか														
お客様と信頼関係の維持と関係作りを行っているか														
朝礼終了後でなくても、決められた所の掃除を毎日やっているか														
プロセス評価素点合計														⑤

採点基準（本人評価：3段階）　12・10・8　　（上司評価：5段階）　14・12・10・8・6

↑縦計の計算ミスにご注意ください！

※ここは少数第2位を5捨6入し、少数第1位まで記入します。

3. 方針共有点

	上期 目標	上期 実績	下期 目標	下期 実績
面談	6		6	
サンクスカード	6		6	
実行計画アセスメント	1		1	
グループ懇親会*	0		1	
経営計画発表会	1		0	
全社員勉強会	1		0	
レクリエーション	1		0	
創業者墓参り	0		1	
新年互礼会	0		1	
健康診断*	0		1	
予防接種	1		0	
合計	17		17	

*上期実施であっても、下期にてカウントしてください。

評価／点数	配分点数	1点あたり単価
／	⑦	⑧
賞与支給計算　⑦×⑧		⑨　円
安全運転手当て支給額		⑩　円
賞与支払い総額　⑨＋⑩		円

提出種類	枚数	備考
始末書		
反省文		

○提出月日基準で半期ごとのカウント

4. 環境整備点（所属グループ名：　　）

	1月	2月	3月	4月	5月	6月		平均
点数								⑥

※少数第1位を5捨6入し、整数で記入し

安全運転手当早見表

該当する所を○で囲む
（上段：営業使用者　中段：業務使用者　下段：非業務使用者）
左側の⑩に記入する

無違反年数	勤続年数 1年以上	2年以上	3年以上	4年以上	5年以上
1年	3,000	4,000	5,000	6,000	6,000
	2,500	3,000	4,000	4,500	4,500
	1,500	2,000	2,500	3,000	3,000
2年		8,000	10,000	12,000	12,000
		6,000	7,500	9,000	9,000
		4,000	5,000	6,000	6,000
3年			15,000	18,000	18,000
			11,500	13,500	13,500
			7,500	9,000	9,000
4年				24,000	24,000
				18,000	18,000
				12,000	12,000
5年					30,000
					22,500
					15,000
手当なし	0				

（勤続1年未満も手当なし）

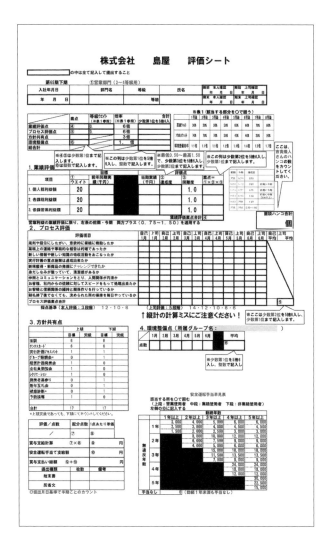

・直属の上司と毎月1回、毎回15日までに行う

コミュニケーションは、回数です。半期に一度面談をしたくらいでは、社員の気持ちはカバーできません。半期に一度の面談をするより、1回10分でもいいから、毎月面談をしたほうが上司と部下の心理的安全性を高めることができます。

社内、家庭内の変化、悩みなども確認し合います。

・さらに社長（役員）と年2回行う（上長が同席する）

おもに、半期ごとの評価を行います。上長を同席させているのは、社員の緊張をやわらげるためです。社長と社員の1対1では社員が緊張し、心理的安全性が保たれません。

◎サンクスカード

サンクスカードとは、

「○○さん、忙しいのに、手伝ってくれてありがとう」

「○○さん、いろいろ教えてくれてありがとうございます」

という「小さな感謝」を伝える仕組みです。

サンクスカードは、内容よりも「数」を重視しています。上司、同僚、部下、ビジネスパートナーやお客様など、誰に差し上げてもかまいません。

サンクスカードの枚数を賞与評価と連動させています。

「3等級までの社員……月10枚以上」

「4等級以上の社員……月20枚以上」

サンクスカードを書かないと、評価が下がります。


サンクスカードが社内に回り始めると、社員は「他人の少しでもいいところ」を探そうという気になります。すると、「人のいいところを見つけよう」「人にほめてもらおう」という意識を持つようになるので、心理的安全性が高くなります。

◎グループ懇親会

「グループ会社間の連携を推進する」「部門の違う社員同士がお互いを理解する」ことが目的です。

島屋、ランドハウス、メタルシマヤの3社が縦割り組織にならないように（コミュニケーションが希薄にならないように）、3社の社員同士が交流する場を設けています。そのひとつが、グループ懇親会です。

全社員を10人前後のグループに分けて、年齢・性別・役職関係なく構成されたメンバーで開催される懇親会です。

懇親会の日程は、あらかじめ、経営計画書のスケジュール欄に明記しています。

◎レクリエーション

飲食や遊び（余暇活動、娯楽）を通じて、グループ会社全社員の価値観を揃える仕組みです。

感謝を伝え合うサンクスカードも心理的安全性を高める仕組み

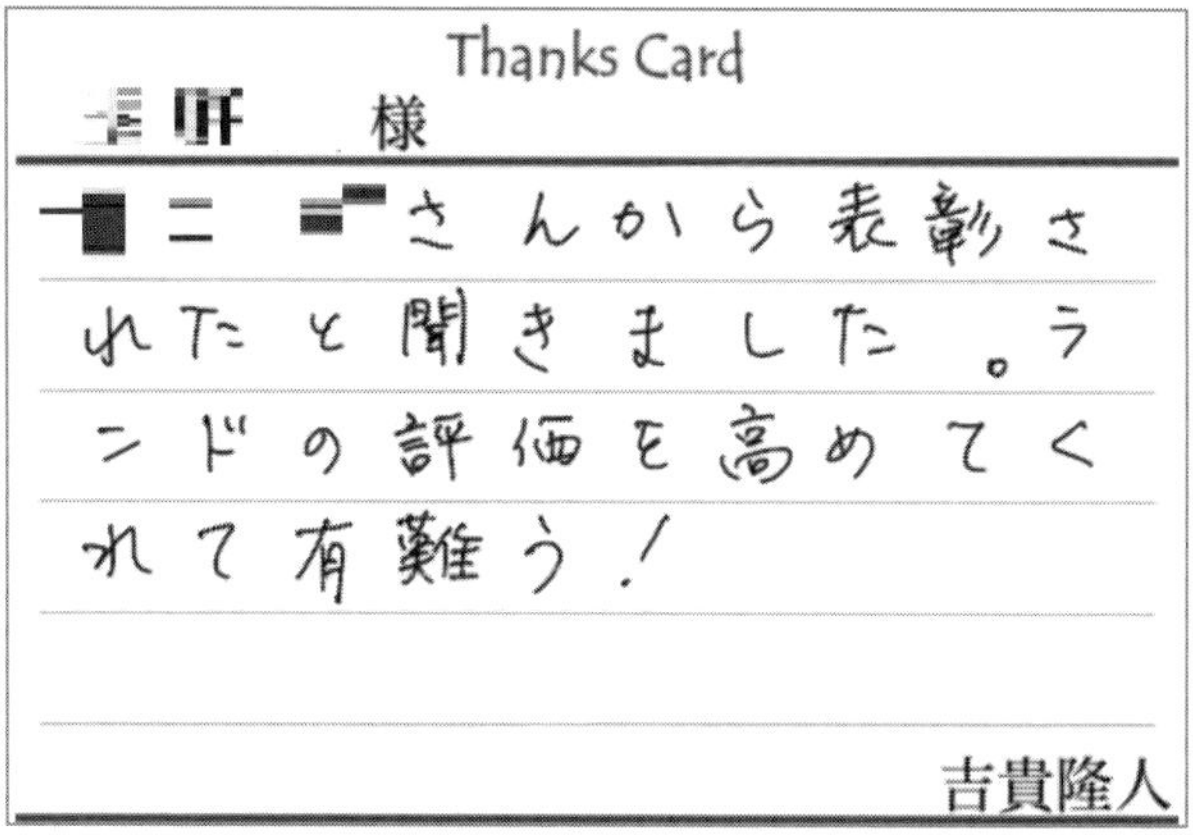
Thanks Card
[redacted] 様
[redacted]ニ[redacted]さんから表彰されたと聞きました。ランドの評価を高めてくれて有難う！
吉貴隆人

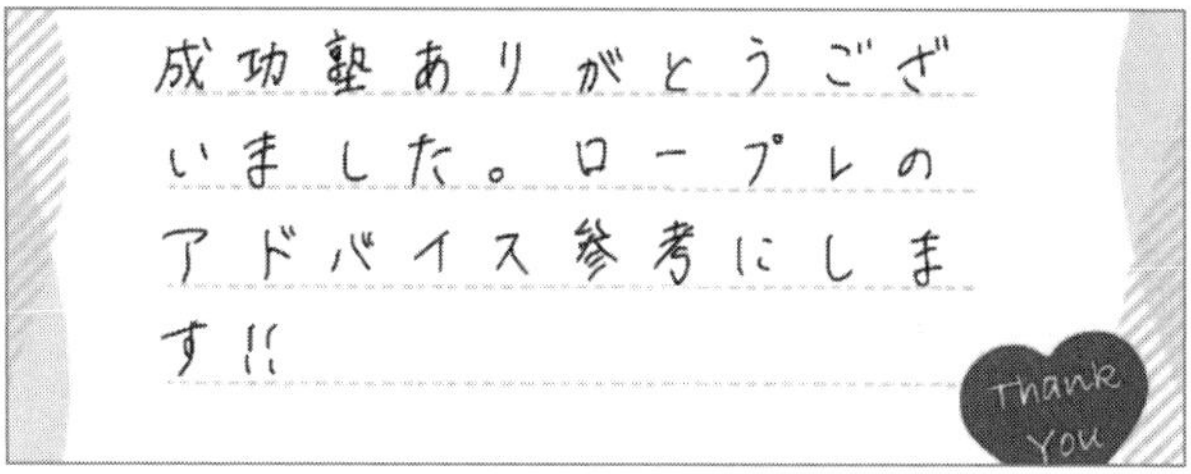
成功塾ありがとうございました。ロープレのアドバイス参考にします!!
Thank You

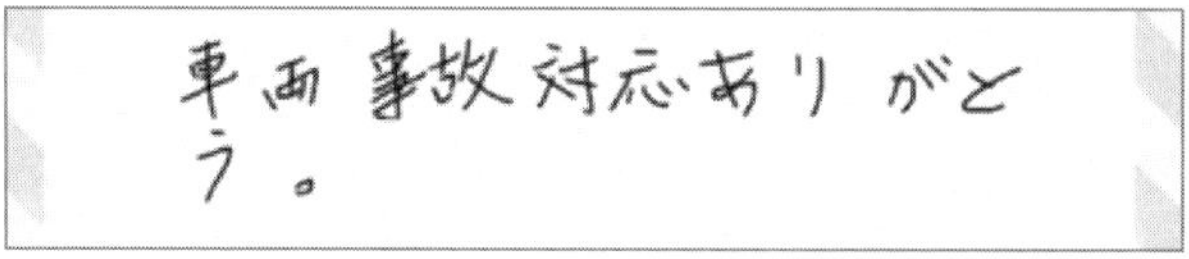
車両事故対応ありがとう。

◎新年互礼会

新年にグループ会社全員が一堂に会して、気持ちを新たにする会です。社長が新年の抱負を伝えます。

また、島屋グループには**「部活動」**があり、社員間のコミュニケーション円滑化に大きな役割を果たしています（会社が活動費を補助。現在は、野球部、サッカー部、ゴルフ部、麻雀同好会）。

「野球部とサッカー部に所属しています。部活動は何といっても年齢関係なく好きなことを一緒にできるのが魅力です。若手だけでなく、ベテランの方たちとも仲良くなれますし、練習や試合が終わったあとに、皆でご飯を食べに行ったりするのが楽しいですね」（M・K、ランドハウス本社工事部工事課、2023年入社）

こうした取り組みによって、社員たちは島屋グループの風通しのよさを感じている

グループ懇親会は3社の社員が交流する仕組み

ようです。

「年齢が離れている目上の方でもコミュニケーションを積極的にとってくださるので、若い世代としても助かっています。飲み会の場や仕事の合間の休憩時間など、島屋グループ全体でコミュニケーションがとれている印象で、風通しのいい会社だなと感じています」（T・R主任、島屋山口営業所山口建材営業部、２０１９年入社）

結果、島屋グループでは、**過去3年間で31名の新卒学生を採用し、離職はゼロ。定着率は１００%**です。

全社で行う社員旅行、新年互礼会

●サッカー部

●地域のマラソン大会に参加

タテ・ヨコのつながりが生まれる部活動など

●ゴルフ部

●野球部

心理的安全性を確保して、社員の本音を引き出す

●社員アンケートを実施して、社員満足度を把握する

社員の本音を引き出すため、無記名の**「社員アンケート」**を実施しています（全社員対象／不定期）。職場環境に対する社員満足度を把握するのが目的です。

回答を無記名にしているのは、職場の実情を正確に把握するためです。無記名にすれば、質問に対して素直な回答を得やすくなります。「誰の回答かわからない」ため、心理的安全性が確保されます。

寄せられた社員の本音をないがしろにせず、真摯に改善を行う。すると社員は「自

社員アンケートで会社に本音を伝える

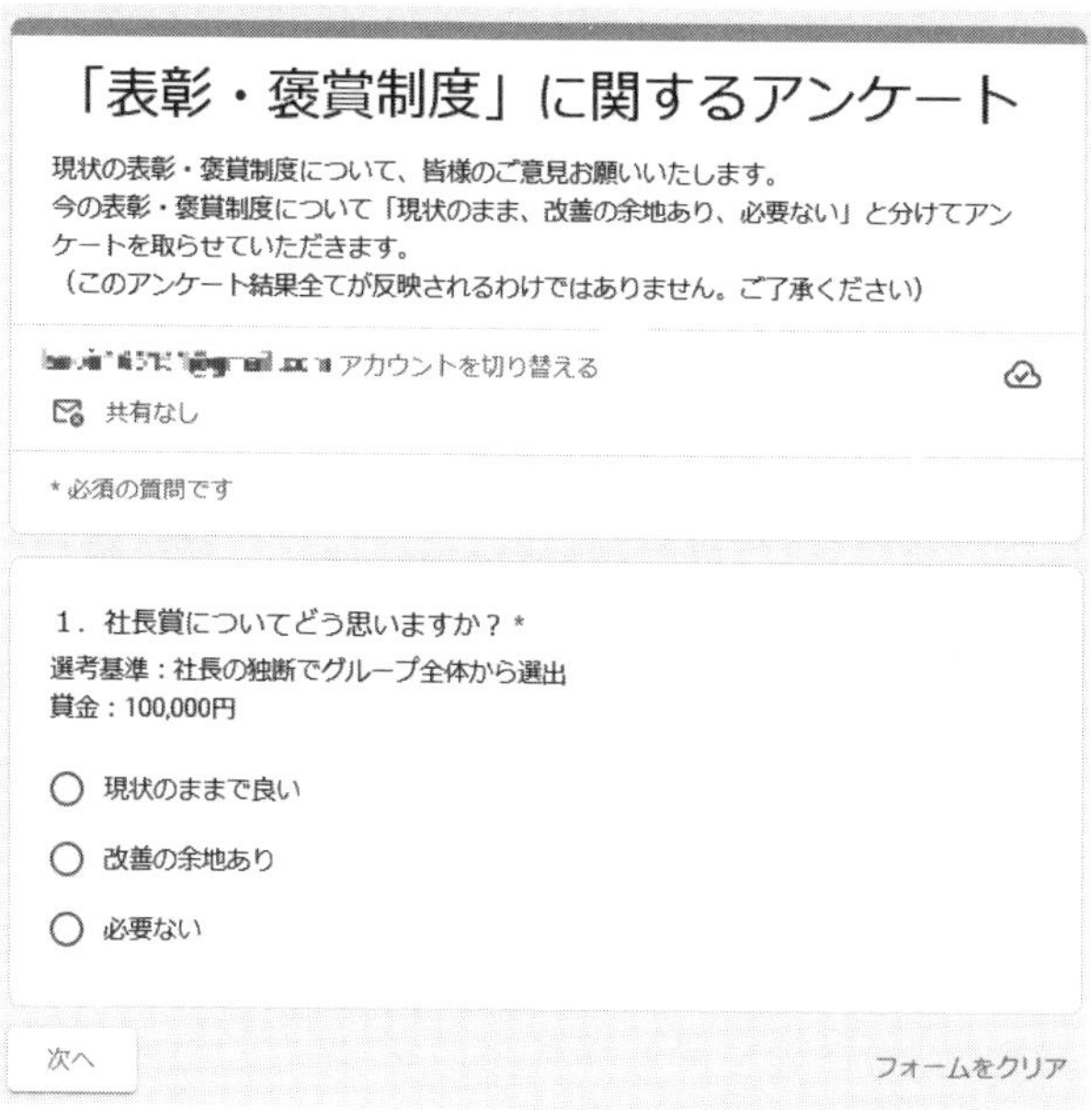

「表彰・褒賞制度」に関するアンケート

現状の表彰・褒賞制度について、皆様のご意見お願いいたします。

今の表彰・褒賞制度について「現状のまま、改善の余地あり、必要ない」と分けてアンケートを取らせていただきます。

（このアンケート結果全てが反映されるわけではありません。ご了承ください）

[redacted] アカウントを切り替える
共有なし

* 必須の質問です

1. 社長賞についてどう思いますか？ *
選考基準：社長の独断でグループ全体から選出
賞金：100,000円

- 現状のままで良い
- 改善の余地あり
- 必要ない

次へ　フォームをクリア

分たちの意見が尊重されている」ことを実感できます。経営幹部と社員の信頼関係を強化していくためにも、社員アンケートは有益です。

ただし、社長にとっては「覚悟」が必要です。なぜなら、耳の痛い指摘を受け止めなければならないからです。

私が社長になってから、これまでに計3回、社員アンケートを実施しています。就任後最初のアンケートでは、もはや笑うしかないほど、散々な結果でした。社員の多くが抱えている会社への（私への）不満の強さ、風当たりの強さに心が折れました。

ですが指摘の多くは「正論」であり、自分でも重々わかっていることだけに、気持ちの持って行き場がありませんでした。

いたたまれない気持ちになって、何度、アンケートの束を放り投げようとしたことか……。

社員アンケートは、当社のＥＳ（従業員満足）向上チームの主導で行っています。

ＥＳ向上チームから「社員アンケートを実施します」と報告がくると、私は冗談半分で「嫌です」と即答します（笑）。「もう、あんな思いをしたくない」からです。

ですが現在では、かつてのように社員から心ない言葉を浴びせられることは少なくなりました。

「社長と幹部、幹部と社員の価値観が揃ってきた」
「心理的安全性が確保されてきた」
「人事評価制度の『透明性』『公平性』『納得性』が高くなってきた」
「社員の特性を活かした人員配置ができるようになった」

など、社員教育と業務改善が進んだ結果、**社員満足度は確実に向上**しています。

第3章

すべての人材を成長させる教育の仕組み

利益が出たら、真っ先に社員教育に投資する

●島屋グループにとって、人材の成長こそ会社の成長

島屋グループでは、

「会社の組織力は、社員教育の量で決まる」

「社員の幸福は、社員教育によって決まる」

と考え、社員教育に力を入れています。

創業時の島屋は、創業者の吉貴吉男（私の祖父）が教育熱心だったこともあって、価値観教育に力を入れていました。

ですが、私が入社したころは十分な教育はなく、

「勉強する時間があるなら、セールスをしてこい」

「とりあえず現場に出て、汗をかいて売ってこい」

という野放し状態でした。

社員教育費は、年間で数万円程度だったと思います。


現在の島屋グループは、教育研修費として年間で**約5000万円**投資しています。**社員一人あたりの年間教育研修費は約30万円**です。

人事労務分野の情報機関である「産労総合研究所」が発表した「2023年度（第47回）教育研修費用の実態調査」によると、「従業員一人あたりの研修費用は平均3万2412円」です。

島屋グループの教育研修費は、平均以上であることがわかります。


人の成長と会社の業績は、正比例の関係にあります。したがって当社では、教育研

修に惜しみなくお金を投じています。

「社員教育にお金をかけすぎると、利益が残らない」と考える経営者もいますが、私はそうは思いません。

むしろその逆で、

「教育研修費にお金をかけるからこそ、利益が出る」

と考えています。

社員教育を怠ったとたん、業績は尻つぼみになる。中小企業にとって、人材の成長こそ、会社の成長です。

島屋グループでは、利益が出たら、次の順番で未来に投資しています。

①社員教育
②シェアの拡大
③設備投資

④現業と相乗効果のある新規事業
⑤キャッシュフロー改善

商品力、販売力、営業力も大切ですが、それ以上に「人の力を伸ばす」ことが、組織力アップには重要です。

商品やサービスで他社と差をつけるのは、非常に難しい。したがって、「人による差別化」が不可欠です。だからこそ、社員教育の量を増やしているのです。

社員の特性を生かすための社員教育6つのポイント

●社員が継続的に学べる仕組みをつくる

島屋グループでは、社員教育に関する基本的な考え方を経営計画書の「教育に関する方針」に明記しています。

島屋グループの社員教育のポイントは、次の6つです。

【島屋グループの社員教育のポイント】

①経営計画書を使って価値観教育を実施する

②人材育成の柱を環境整備に置く
③アウトプットの機会を増やす
④現場での教育を重視する
⑤回数（量）を重視する
⑥教育計画プロジェクトチームがグループ全体の教育計画を立案する

①経営計画書を使って価値観教育を実施する

「経営計画書」は、組織の価値観（社長の考え方）や、仕事の進め方を浸透させるためのツールです。

社員が「どう行動すればいいのか」に迷ったら、経営計画書の方針が道標となります。経営計画書には、社員が守るべき「会社のルール」と、目指すべき「数字」が明記されています。

「何をやるのか」「いつまでにやるのか」「どうやるのか」「誰がやるのか」が明確になっているため、社員の足並みと価値観が揃います（私が各方針について解説する

ＹｏｕＴｕｂｅ動画を作成し、方針の理解に努めています）。

②人材育成の柱を環境整備に置く

「環境整備」とは、

「仕事をやりやすくする『環境』を『整』えて『備』える」ための活動のことです。

仕事がやりやすくなるように社内を「整」える。そして、必要なものはすぐに取り出せるようにして、仕事に「備」える（準備する）のが、環境整備です。

具体的には、「整理」「整頓」「清潔」「礼儀」「規律」の5項目から、環境整備を進めています。

【環境整備の5項目】

（1）整理……必要なものと不要なものを仕分けし、不要なものを捨てる。必要最小限までいらないもの、使わないものを捨てる。

経営計画書は価値観教育の中心

●社長による方針解説動画

（2）整頓……ものや情報の置き場所を決め、名前・数字を付けて管理する。ものを置くときは向きを揃える。
（3）清潔……決められた場所を徹底的に磨き込む。
（4）礼儀……大きな声と笑顔で挨拶をする。相手より先に挨拶をする。
（5）規律……整理・整頓、清潔を守り、決められたことを実行する。

毎朝30分間、社員全員で身のまわりの整理整頓と美化活動を実施しています（環境整備活動は就業時間内に行う通常業務です）。環境整備を人材育成の柱に据えているのは、次の6つの教育効果が期待できるからです。

【環境整備の教育効果】

教育効果（1）／形から入って心に至る

価値観という目に見えないもの（＝心）を揃えるには、「形」という目に見えるものを揃えることが先決です。

環境整備に関する方針（抜粋）

環境整備に関する方針

1.基　本

（1）仕事をやり易くする環境を整えて備える。
（2）組織力強化の根幹とする。
（3）「形」から入って「心」に至る。「形」が出来るようになれば、後は自然と「心」がついてくる。
（4）環境整備を通して、職場で働く人の心を通わせ、仕事のやり方・考え方に気づく習慣を身に付ける。
（5）決められた作業を30分間行う。時間がずれても全員が行う。

2.整　理

（1）要る物と要らない物を明確にし、必要最小限度まで要らない物・使わない物を捨てる。
（2）環境整備点検の前日を捨てる日とする。

3.整　頓

（1）物の整頓
　①物の置場、数量、向きを決め、名前を表示し**数字をつけて**管理する。
　②探す時間・戻す時間を減らす。
　③必要な物を必要な時にすぐ使えるようにする。
（2）考え方の整頓
　①時間に仕事をつける。
　②売れている商品を増やす。売れない商品を減らす。
（3）情報の整頓
　①チェックしやすいように整頓する。

「なぜ、整理整頓や社内美化活動が社員教育になるのか」「なぜ、環境整備を継続すると組織が強くなるのか」を頭で考えるより先に、言われたとおりやってみる。何度も繰り返し実践する。実地経験を積むうちに、「どうして、それをやるのか」「どうして、そのようにやるのか」が腑に落ちます。

決められた場所に、決められた向きでものを置く。色や番号で定位置管理する。整頓を徹底することで、次第に心まで揃い始めます。

年齢も、性別も、特性も、能力も違う社員の価値観を揃えるには、「環境整備」は最善手《さいぜんしゅ》です。

なお、島屋グループでは、新たに「倉庫事業」を始めていますが、環境整備を行っていたから可能になったと話すのが、島屋人事教育部・システム営業部本部長、S・Sです（2000年入社）。

「整理によって、新たに倉庫を借りるわけではなく、既存のスペースを利用でき、また定置管理を行うことで荷受け時・出荷時にも間違いがなく、丁寧に扱うことができ

環境整備は組織力を強化する社員教育

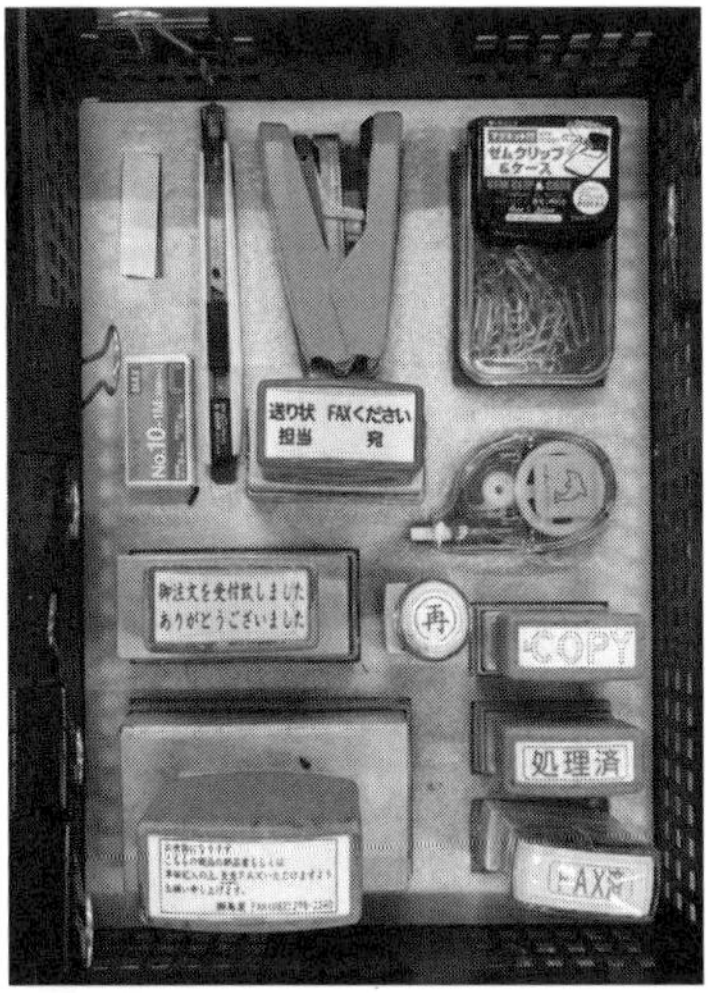

ています。まぎれもなく環境整備のおかげです」（S・S）

教育効果(2)／「やるべき仕事」と「やらなくていい仕事」が明らかになる

「不要なものを捨てること（＝整理）」が習慣になると、「もの」だけではなく、「情報」や「仕事」の無駄にも気づけるようになります。

「捨てる」とは、選択肢の中から優先順位をつけて、「やる必要のないこと」を手放すことです。無駄を手放せば作業効率と生産性が上がります。

教育効果(3)／社長（幹部）の指示をすぐに実行する組織ができる

環境整備は、社員にとって「面倒なこと」「やりたくないこと」です。ですが、「面倒なこと」「やりたくないこと」を経験させるからこそ、

「個人の好き嫌いにとらわれず、会社（社長）の方針を実行することの大切さ」

「決められたことを決められたとおりにする大切さ」

を社員が理解することができます。

「正直面倒に感じることもありました（笑）。ただ、その『決められたことを決められたようにやる』の積み重ねが、現在のさまざまな改善につながっていると感じています。今は環境整備が成果や成長につながることを実感でき、『環境整備っておもしろいよ』と自信を持って言えるようになりました」（K・K課長、島屋本社・三次工場製造部、2011年入社）

教育効果(4)／社員の感性が磨かれる

環境整備は、感性を磨くのに最適な実地教育です。

環境整備で一人が担当するのは、「新聞紙1枚分くらい」の狭いスペースです。狭いスペースを毎日、徹底的に磨いていれば、「今日はいつもよりちょっと汚れている」「昨日はなかった傷がついた」など、少しの変化にも気づくようになります。

この気づきの力が「感性」です。感性が養われると、お客様や会社の仲間の心の状態を察することができるため、心理的安全性が高くなります。

教育効果(5)／PDCAサイクルを回すトレーニングになる

環境整備は、「PDCAサイクルを回す仕組み」でもあります。整理・整頓・清潔が定着した職場で仕事をすると、「効率」と「改善」を常に意識するため、PDCAサイクルが回ります。

◎PDCAサイクル

・P(プラン)………仮説を立てて計画する。
・D(ドゥ)…………仮説をもとに、計画どおりに実行する。
・C(チェック)……仮説どおりの結果が出たかを検証する。
・A(アクション)……検証の結果、仮説どおりなら継続する。仮説と違っていれば、改善する(新しい計画をつくり直す)。

どうして環境整備がPDCAサイクルを回す訓練になるのでしょうか。それは、「チェックの仕組み」があるからです。

環境整備点検でPDCAサイクルを回す

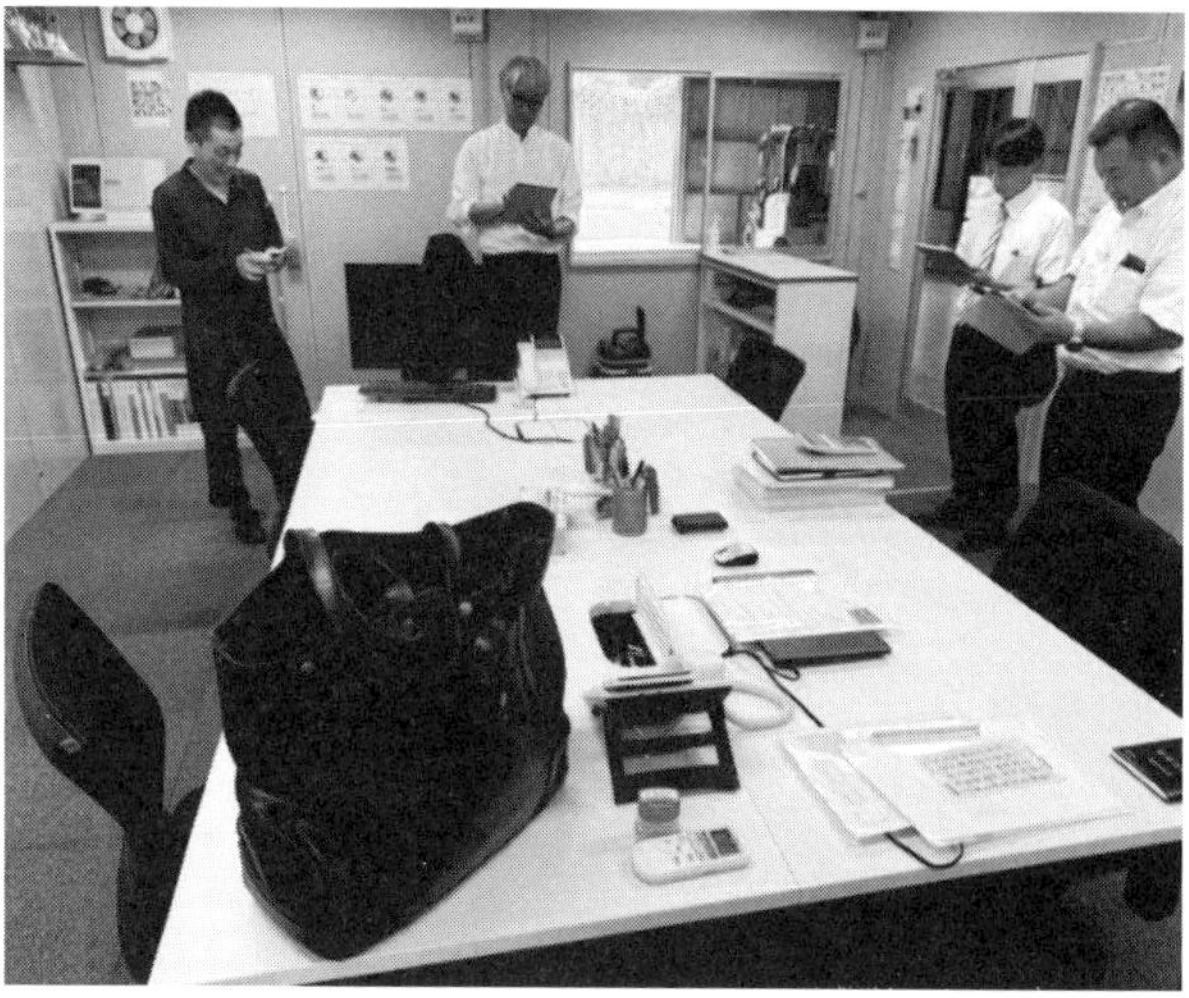

環境整備では、事業年度計画に基づき、全営業拠点を対象に**「環境整備点検」**を実施しています。社長と担当者が順番に巡回し、「環境整備が行き届いているか」を点検、チェックします（チェック項目数は、全部で21）。

環境整備点検シートには、項目ごとに「評価」の欄が設けられていて、「○」か「×」を判定します。

「×」がつけられた項目は、「Do」が間違っていたことがわかります。「チェックをされた側」は、「どうして○がもらえなかったのか」を検証し、「どうすれば○がもらえるのか」を考え、改善に取り組みます（当日中に写真で改善の報告をする）。

教育効果(6)／情報共有が進む

環境整備を徹底すると、「自分が持っている情報も、備品も、身につけたノウハウも組織の財産であり、全員で共有すべきである」という考え方が浸透します。

ノウハウの共有と横展開が進むため、**仕事の属人化（特定の社員しか業務の詳細や**

進め方を知らない状態）を防ぐことができます。

「環境整備に取り組むまでは、営業マンの数だけそれぞれのやり方があり、結果、部下の教育やお客様へのサービスにむらがありました。環境整備を学ぶことで、組織としてのやり方や考え方のマニュアル化が進み、現在若い社員でもお客様を担当することができ、それをフォローしていく体制が整いつつあります。さまざまな基準をつくることができるようになったと感じています」（H・T本部長、ランドハウス工事部・営業部、1999年入社）

環境整備は、心理的安全性を確保するための取り組みでもあります。「手さえ止めなければ、おしゃべりしてもかまわない」からです。おしゃべりの中身は、無駄話でもOKです。毎朝、掃除をしながら無駄話をする。たわいない会話を交わす。そうすることで、同じ職場で働く仲間との心理的な距離が近くなります。普段からおしゃべりができる関係をつくることが大切です。

2024年入社のO・Sも、「環境整備は社内のコミュニケーションを良くする」ことを実感しています。

「環境整備は、人材教育の機会であると同時に、コミュニケーションを深める機会だと感じました。しーんと黙ってするのではなく、話をしながら、みなさんと協力しながら整理整頓活動をするので、先輩に私のことを知っていただく、そして、私が先輩のことを知る大切な時間です」(O・S)

③アウトプットの機会を増やす

「教育」とは「教えて、育てる」と書くため、「教える」と「育てる」を次のように解釈しています。

・教える……インプット。知識を与えること。
・育てる……アウトプット。振り返りをさせること。

環境整備は社員間のコミュニケーションを
深める仕組みでもある

社員教育では、新しいスキルや知識を学ぶこと（インプット）以上に、それを実務に活かし、成果を生み出すこと（アウトプット）が重要です。学びをアウトプットすることで、社員の成長は加速します。

④現場教育を重視する

現場は、お客様との信頼関係を築く場であると同時に、社員を教育する場でもあります。知識は口頭で教えることができますが、体験、経験は、現場で学ばせるのが基本です。

⑤回数（量）を重視する

たくさんのテキストを使って、たくさんのことを勉強するのではなく、「少ないテキストを使い、同じことを何度も繰り返す」ほうが、社員は成長します。

たくさんのことを教えようとすると、どれも中途半端になってしまいます。しかしひとつのことを継続すると、圧倒的に上達します。

島屋グループの主な社員教育

研修	MG研修
	武蔵野主催研修全般
	エマジェネティックス®研修
	採用関連研修
	宮川商店主催研修全般
	夢合宿
	会社指示による研修・セミナーへの参加
社内行事	グループ懇親会
	実行計画アセスメント
	部署内懇親会（所属部署にて処理）
	新年互礼会
	経営計画発表会
	棚卸
	全社員勉強会
	レクリエーション
	海外研修旅行
	環境整備点検同行
	幹部会議（東京出張所所属者のみ）
	部長会議・部門長会議

社員教育で大切なのは、「量（回数）」です。

「長期間継続する」

「間隔をあけずに反復する」

ことが大切です。

⑥教育計画プロジェクトチームがグループの教育計画を立案する

「教育計画プロジェクトチーム」は、部門横断型のチームです。部門横断とは、組織内の異なる部門の社員が力を合わせて行う取り組みのことです。

このチームは、グループ全体の教育計画の検討、等級ごとの研修プランの作成、新入社員研修の運営、各種研修の効果検証などを担っています。

現在、社員研修の多くは「外部委託」ですが、今後は、社内講師の育成にも注力する予定です。

●内定者研修に力を入れる理由

島屋グループでは、**内定者研修**に力を入れています。内定者には、「環境整備研修」「ビジネスマナー研修」「知覧研修」「インターンシップ（社長のかばん持ち）」など、さまざまな勉強会に参加していただきます。

内定者研修には、「5つ」の目的があります。

【内定者研修の目的】

①業務内容を実地体験してもらう。
②島屋グループの文化になじんでもらう。
③先輩社員とコミュニケーションをとってもらう。
④同期との絆を深めてもらう。
⑤入社前と入社後のギャップをなくす（新卒社員の離職を防ぐ）。

島屋グループの新卒社員は、内定段階から、「島屋は、こういう会社だ」と承知の上で入社します。

ありのままを見せて、体験してもらって、それでもなお「島屋に入社したい」と望んだ人材を採用するため、新卒社員の離職率が低いのです。

２０２４年４月入社のＯ・Ｓは、内定期間中に同期や先輩社員と接することで、**「入社後の不安が軽くなった」**と述べています。

「同期や先輩と入社後に初めて顔を合わせる場合は、『どんな人がいるのだろうか？』『うまくやっていけるだろうか？』という疑問と不安と緊張を抱きながら入社することになります。

しかし当社の場合、内定期間中から定期的に同期と顔を合わせたり、先輩社員と接することができたため、安心して入社することができました。

知らない顔ばかりの職場と見知った顔のいる職場では、後者のほうが心理的安全性は高いと感じます」（Ｏ・Ｓ）

内定者研修で入社後の不安・ギャップを解消

●社長のかばん持ち

国内需要の停滞感に、私が不安を覚えない理由

●島屋の将来を盤石にするために、社員の能力を伸ばしていく

島屋グループは、中国地方シェアナンバーワンの鋼板製屋根材・壁材販売をはじめ、広島・山口・岡山・東京で事業を展開しています。

建材需要は、ここ数年、減少傾向にあります。「日本経済新聞」（2022年11月17日）には、「国内建材需要に停滞感　中小物件向け　景況不安、投資慎重に」と題した記事が掲載され、

「鋼材や木材などの建設資材の国内需要に停滞感が出てきた」

「中小ビルや住宅向けの荷動きが鈍っている」

「物価高による建設コストの上昇で工事を延期する動きもある」

と指摘しています。

このまま建材需要が減少し続けた場合、何も手を打たなければ、島屋グループの売上は落ちていきます。

仮に、現在、中国地方で建材を必要としている会社が「１００社」あり、島屋グループのシェアが50％だとします。

このとき、島屋グループの取引先は「50社」です。

１００社×50％＝50社

中国地方で建材を必要としている会社が１００社から「50社」に減り、島屋グループのシェアが「50％」のまま変わらなかった場合、島屋グループの取引先は50社から「25社」に減ってしまいます。

50社×50％＝25社

私は、中国地方の建材需要が縮小しても、それほど心配していません。

なぜなら、

「中国地方で建材を必要としている会社が100社から50社に減るのであれば、島屋グループのシェアを100％に上げればいい。そうすれば現在と変わらない」

と考えているからです。

建材需要が減っているのに何も手を打たない場合、取引先は25社に減ってしまいます。

ですが、経営改善を続けてシェアを100％に伸ばすことができれば、取引先数は現在と変わりません。

50社×100％＝50社

島屋グループが社員教育に力を入れているのは、

「ライバル会社からシェアを奪える人材」

「新規事業を立ち上げて、建材事業にも負けないビジネスの柱をつくれる人材」

「長期的、大局的な視点で物事を見極める人材」

を育てるためでもあるのです。

人事異動も、最高の人材育成である

●グループ会社も含めて多角的な人事異動を行う

人事異動も、最高の人材育成です。

島屋グループの経営計画には、会社の方針として、**「人事異動が最高の人材育成。社内異動・グループ間異動を積極的に行う」**と明記しています。

経営幹部が人事異動の素案をつくり、最終的には社長の私が「事業計画」「社員の特性、能力（ＥＧやその他の分析ツールの結果）」「社員本人の希望」など踏まえて、総合的に判断しています。

「この仕事をAさんにやらせると、ストレスになるかもしれない」

「CさんとBさんとDさんはそれぞれ特性が違うので、この3人を同じ部署にすれば、補完関係ができるかもしれない」

といったように、EGのプロファイルをチーム編成の参考にすることもあります。

島屋グループは県をまたぐ異動があるため、とくに既婚者には「家族の了承が得られるか」「家族同伴の転勤ができるか」などを確認のうえ、人事異動を実施しています。社員は人事異動を拒否できますが、人事異動を拒否した場合は、人事評価を下げるのが当社のルールです（ただし、救済措置を設けています）。

私が「人事異動は、最高の人材育成」と考える理由は、次のとおりです。

【人事異動が最高の人材育成である理由】

①新しい経験によって、成長を実感できる

人事異動をすると、「新しい仕事」を「新しいやり方」で取り組むことになります。それまでとは違った環境や関係性で新しい役割を担うため、社員の視野が広がります。とくに、「新しいことにチャレンジするのが好き（同じポジションに留まるのが苦手）」な社員にとって、人事異動はモチベーションアップにつながります。

②社員の適性が明確になる

EGなどの分析ツールを使って適性検査を行えば、ある程度、個人の特性や資質を把握できます。

とはいえ、仕事はやらせてみなければわかりません。人事異動を行うことで、社員の適性を見極めることが可能です。

③ダブルキャストが実現する

ダブルキャストとは、同じ仕事（同じ役割）を担当できる人材を二人以上用意する

ことです。

部署Aにいた社員が部署Bに異動になると、部署Aの仕事も、部署Bの仕事も両方できるようになり、ダブルキャストが実現します。

ダブルキャスト化には、

「知識やスキルの共有が進むため、属人化を解消できる」

「同じ作業を担当できる社員が増えるため、作業時間が短縮する」

「ひとりが不在でも業務の継続性が保たれる」

「業務の方法を共有する過程で、改善点が見つかる」

といったメリットが期待できます。

ＤＸ人材の育成にも力を入れる

●直感や経験則だけでは正しい経営判断はできない

商品、サービス、情報が溢れている現代では、消費者行動が複雑化しているため、直感や経験則だけでは、経営判断を見誤ります。

そこで島屋グループでは、**ＤＸ化**にも注力していくつもりです。これからの経営環境では、「デジタルとアナログの融合が推進力になる」と考えています。

ＤＸ化を実現するために、「ＤＸ人材の育成」にも力を入れ始めています。ＤＸ人材とは、ＤＸを推進するために欠かせないスキルや考え方を持つ人材のことです。

ＤＸは、「デジタルトランスフォーメーション（Digital Transformation）」の略で、２００４年、当時、スウェーデンのウメオ大学の教授であったエリック・ストルターマン氏によって提唱された概念です。

経済産業省は、「デジタル技術による社会変革を踏まえた経営ビジョンの策定・公表といった経営者に求められる対応」を「デジタルガバナンス・コード」として取りまとめ、日本企業を対象に、ＤＸを次のように定義しています。

「企業がビジネス環境の激しい変化に対応し、データとデジタル技術を活用して、顧客や社会のニーズをもとに、製品やサービス、ビジネスモデルを変革するとともに、業務そのものや、組織、プロセス、企業文化・風土を変革し、競争上の優位性を確立すること」（デジタルガバナンス・コード２・０／２０２２年9月13日改訂）

トランスフォーメーション（Transformation）は、直訳すると「変化、変形」の意味ですから、わかりやすく説明すると、「デジタル技術を使って、ビジネスに変革をもたらす」ことです（英語圏では「trans-」の略に「X」を使うことから、DXと表記されます）。

島屋では、**「Google ルッカースタジオ」などのBIツール**（ビジネス・インテリジェンスツール。企業が持つさまざまなデータを管理・整理・分析・可視化して、経営に役立てるソフトウェアのこと）や**「ChatGPT」などの生成AI**を使って、情報の可視化、データ化を進め、経営の意思決定に役立てています。

DX化にも注力

●Google ルッカースタジオを使い勤怠情報を可視化。
残業削減に活用している。

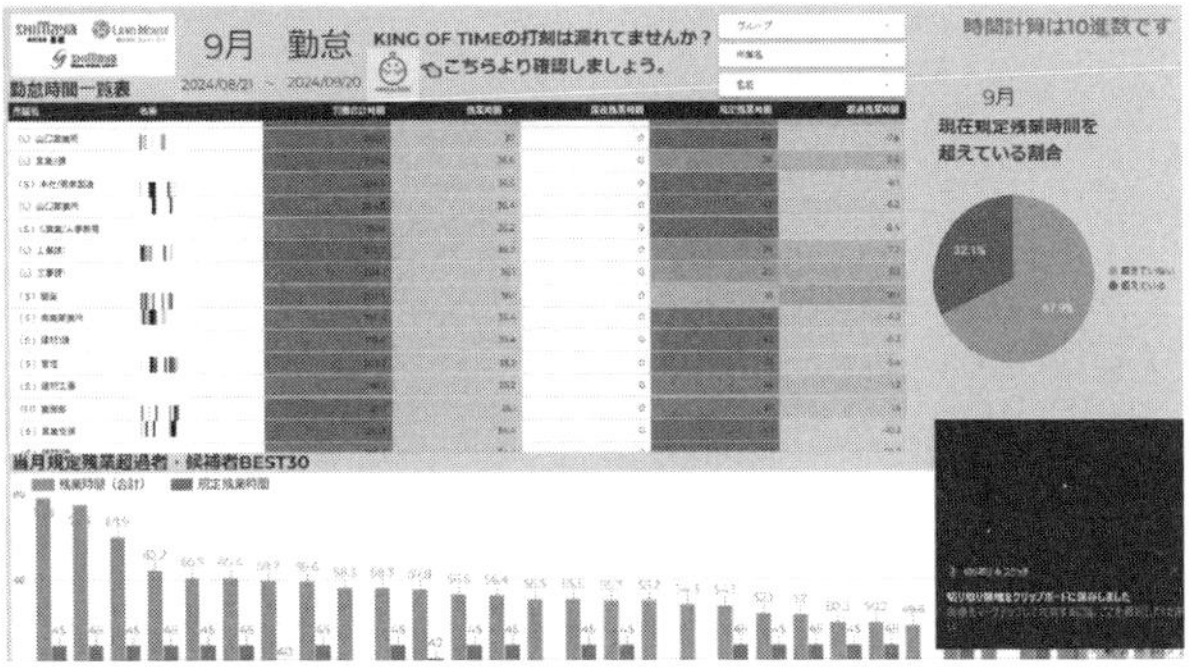

第4章

全員経営を強化するマネジメントの仕組み

残業時間の削減と有給休暇の取得で、プライベートの時間を増やす

●残業時間の目標は、月30時間

働き方改革関連法によって、2020年4月より「時間外労働の上限規制」が適用されました。

時間外労働の上限は、原則として「月45時間・年360時間」までとなり、臨時的な特別な事情がない限り、これを超えることはできません。

島屋グループも、残業時間の削減に取り組んでいます。

10年ほど前までは「長時間残業が当たり前」の悪習慣が蔓延しており、「21時に帰

れたら、早いほう」で、23時、0時まで残業をすることもありました。

残業代は固定残業制（1ヵ月あたりの残業代が固定で支払われる制度）で、実労働時間が固定残業時間を上回っても超過分は支払っていなかったため、サービス残業が横行していました。

現在、**残業時間は月35時間**まで減っていて（残業時間の目標は、月30時間）、固定残業時間を超過した分の残業代も支払っています。

たとえば、2025年度の新卒（大学・大学院卒）の月給は21万円で、固定残業代2万9000円（22時間分）を含んでいます。超過分（22時間を超えた分）は別途支給です。

残業の削減には、

「人件費のほか、光熱費などの間接的な経費が減るため、コストを抑えることができる」

「プライベートの時間が確保されるため、仕事に対するモチベーションと意欲が向上する」

「長時間労働が減ることで、従業員の身体的・精神的な健康が維持される」

「離職率が低下するため、安定的に人材を確保できる」

といった効果が期待できます。

一方で残業にも、「収入アップにつながる」「スキルアップにつながる」といったメリットがあるため、とくに若手社員の自主的な残業については、度をすぎない範囲で認めています。

●有給休暇消化率70％を目指す

労働基準法が改正され、経営者は、「年10日以上」の有給休暇が付与される従業員に対して、「毎年最低5日間」の年次有給休暇を取得させる必要があります。

現在、当社の**平均有給休暇取得日数は9・3日間**です。

島屋グループでは、経営計画書に、

「有給休暇消化率70％を目指す」
「6等級（課長職）以上は会社の指定する日程で、5日間連続の特別休暇を取らなければならない」
「勤続25年以上の表彰を受けた役員・社員は5日間連続の特別休暇を年内中に取らなければならない」

と、休暇に関する方針を明記しています。

長期休暇には、
「若手社員の離職防止と社員満足度の向上に貢献する」
「会社人間をつくらない」
「休暇中の社員の穴を埋めることで、ダブルキャスト（特定の仕事ができる人を二人以上用意すること）が実現する」
「他の人が業務を代行できる仕組みをつくると、属人化（業務のプロセスがわからなくなること）が防げる」

「休暇を取得する管理職は、『自分がいなくても仕事が回る』ように部下を指導するため、人材育成の機会になる」

など、多くのメリットがあります。

給料はお客様からいただき、賞与は社長が支払う

●基本給は年功序列、役職手当は能力、賞与は成果で支給額が決まる

当社の給料は、次の4つから成り立っています。

①基本給
②役職手当
③その他手当
④賞与

「基本給は年功序列、役職手当は能力（実力）、賞与は成果」と、支給の意味合いがはっきりしています。

勤続年数によって基本給の額が決まり、等級によって役職手当の額が決まり、半期の成果で賞与の額が決まるのが島屋グループの仕組みです。

①基本給

基本給の額は、過去の実績によって決まります。

「過去の実績で決まる」とは、「長く勤めるほど、基本給が上がる」ということ。つまり、年功序列の考え方です。

毎月の給料が成果によって変動すると生活設計が成り立たないため、基本給は年功序列を基本としています。

昇給は年1度、7月に実施しています（業績によっては実施しない）。

②役職手当

基本給は年功序列で決まりますが、役職手当は等級によって決まります。等級とは、社員の役割や責任、スキルなどのレベル・大きさをあらわすものです。等級で区別しておけば、「それぞれどういう仕事（役割）を担っているのか」がわかりやすくなります。

島屋グループの場合、等級＝役職です。等級に応じて役職手当が決まります。

【役職手当】

・8等級　8万円
・7等級　5万円
・6等級　3万円
・5等級　2万円
・4等級　1万円

③その他手当

・**通勤手当**

通勤にかかる費用（交通費）を手当として支給しています。

・**単身赴任手当：5万円**

単身赴任では生活の拠点が増えるため、日々の支出が増加します。社員やその家族の負担を和らげるため、ひとり暮らしをする社員に手当を支給しています。

・**ひとり暮らし手当（新卒・第2新卒入社）**

1～3年目を対象に2万円。対象期間は1年目が4月～翌年6月まで、2年目・3年目は7月～翌年6月までです。

・**家族手当：2万円**

在職中に結婚をした場合に支給します。社内結婚の場合はどちらか一方に支給、別居中は支給しません。

・安全運転手当（賞与時に支給）

経営計画書には、４ページにわたって「運転に関する方針」が明記されています。

安全運転をするための規定、車両管理の規定、自家用車の使用に関する規定、事故・交通違反を起こしたときの規定を決め、「運転に関する方針」を守った社員には、「安全運転手当」（賞与時）を支給しています。

・転勤手当（賞与時に支給）

転勤している社員の金銭的な負担を軽くするため、転勤手当（賞与時）を支給しています。

④賞与

基本給は過去の実績で、役職手当は等級（課長、部長など）で決めますが、賞与は、「半期（上期、下期）ごとの個人の成果」で決めています。

私は、**「給料はお客様からいただき、賞与は社長が支払いをするもの」**だと考えています。

給料の原資は、売上（お客様が商品やサービスを購入した対価）です。したがって「お客様が払ってくださる」と考えることができます。

一方、賞与の原資は、利益（売上から経費などを差し引いたもの）です。利益は、社長の決定によって使われ方が決まります。

給料を社長が勝手に減額することはできませんが、賞与は違います。利益をすべて社員教育や研究開発に投資して、賞与をゼロにすることも可能です。つまり「賞与を社員に払うか払わないかを決めているのは、社長である」と解釈できます。

島屋グループでは、会社の業績に応じて私が賞与の総額を決定し、個人の上げた成果によって配分しています。賞与の原資は利益（成果）なので、業績によっては支給しない場合もあります。

規定どおりに賞与を支給する条件は、次の3つです。

①会社が黒字で推移していること。
②正社員として6ヵ月を経過していること。
③前年よりも営業利益が上回っていること。

賞与額は、

「(ポイント単価×配分点数)＋安全運転手当＋転勤手当」

で決まります。

・ポイント単価
「賞与の支給総額」を決めてから、1ポイント当たりの賞与単価を計算します（ポイント単価は、等級によって異なります)。

・配分点数
「等級別成績別配分点数表」を参照して、等級ごとに社員の配分点数を確定します。

等級別成績別配分点数表は、社員の成績と職能等級に基づき、各社員の配点を決め

賞与の支給で使用する配分点数表

等級

	1	2	3	4	5	6	7	8
S	80	130	170	220	280	360	460	600
A	70	100	130	170	220	280	360	460
B	50	80	100	130	170	220	280	360
C	40	70	80	100	130	170	220	280
D	30	50	70	80	100	130	170	220

評価

る表です。

仮に1等級の社員がB評価を取ると、配分点数は「50点」です。

ポイント単価が「４０００円」だとすると、「50点×４０００円＝20万円」です。この金額に転勤手当と安全運転手当が加算され、賞与額が確定します。

すべての社員にチャンスを与え、成績によって差をつける

●公平とは、頑張った人と頑張らなかった人に格差をつけること

島屋グループの人事評価の基本方針は、次の3つです。

①人事評価はオープンな風土をつくり上げ公開するようにする。
②頑張った人、頑張りが足らない人、成果をあげた人、あげることができなかった人の格差をつける。
③チャンスを平等に与え、学歴や縁故による差別は一切しない。

島屋グループは、中途入社も新卒も、男性も女性も、ベテランも若手も、縁故者であってもそうでなくても、全く同じ条件で、公平に働くことができます。

年齢、性別、学歴にかかわらず、

「平等にチャンスが与えられている」

「頑張れば頑張っただけ評価が上がる」

のが、当社の人事評価制度の特徴です。

公平とは、「一部だけに手厚くしない、偏らない」ことではありません。その逆で、

「一部の人に偏る」「社員の間に差をつける」ことです。

しっかりやってもやらなくても成績や結果で差がつかないのは、「不公平」です。

「チャンスは平等に与え、成績によって処遇の差をつける」

「頑張った人と、頑張らなかった人に格差をつける」

ことが、人事評価における「公平」です。

評価の基準があいまいだと、社員から不満が噴出します。ですが当社では、人事評

価の基準を経営計画書に公開しているため、

「どうすれば賞与が上がるのか」
「どうなれば賞与が下がるのか」
「どうすれば役職が上がるのか」
「どうなれば降格するのか」

が明確です。

社長や上司の主観で評価をすると社員の納得が得られません。しかし当社で評価シートに基づいて評価を決定しているため、評価の客観性を保とうとしています。

現状でも不満がないわけではないので、今後も評価制度は更新をしていく予定です。そのために半期ごとに制度の見直しをしています。

「『好き嫌いなどのあいまいな理由で評価されることは全くない』とは言えない部分がまだあると思います。評価に対する不平不満も全くないわけではありません。しかし、誰もが納得できる公平な評価制度に少しでも近づけるために制度のアップデートを繰り返していくのが重要だと思います。私が入社した当初の評価制度は、何をすれば評価されるのかも明確に示されていませんでした。しかし現在では『成果を残した人』や『新人・部下・後輩を育てた人』が評価されるようになってきていますし、『どのような行動が成果や評価につながるのか』も明確になってきています」（K・K課長、島屋本社・三次工場製造部、２０１１年入社）

「以前の評価制度に比べると『どうすれば良い評価を得られるか』が明確です。評価基準が明確なのはわかりやすくていいと感じます」（S・S本部長、島屋人事教育部・システム営業部、２０００年入社）

「人事評価については、まだ試行錯誤中だと感じています。ただ、評価によって本人とギャップが生じないよう毎月の面談でその差を縮めるコミュニケーションを大事にしています」（H・M本部長、メタルシマヤ、２００３年入社）

島屋グループが無借金経営を目指さない理由

●借入金がなければ、会社を強くすることはできない

島屋グループの経営計画書には、**「資金運用に関する方針」**（銀行とのつきあい方や財務体質を強くするための方針）が明記されていて、全従業員がこの方針を共有しています。

島屋グループでは、**「無借金経営は目指さない。金融機関から融資を受けて、現預金を増やす」**のが基本方針です。

一般的には、

「無借金経営の会社は、安全・安心である」

「金融機関から融資を受けていると、返済に追われて大変」
「金融機関から借入れをしなければいけないのは、経営がうまくいっていないからである」

と考えられています。

ですが私は、

「金融機関からお金を借り入れるからこそ、安心して経営ができる」
「金融機関からの借入金は、会社を成長させるための資金である」
「金融機関からお金を借りられるのは、事業計画が評価されているからである」

と考えています。

新卒採用にも、社員教育にも、新規事業にも、設備投資にも、心理的安全性の構築にも、お金がかかります。中小企業は資金力が弱いため、そのすべてを自己資金でまかなうのは、現実的ではありません。

社員満足度を高めるためにも、お客様に質の高いサービスを提供するためにも、計画的な借入れが必要です。

無借金でも売掛金、支払手形、在庫の管理ができなければ、倒産のリスクが高くなります。倒産は、「手元資金がなくなるとき」に起こります。したがって、当社にとって、借入れをして資金調達力を高めることは、財務体制の安全性を確保する上で不可欠です。


経営努力を怠って借入金で生きながらえるのは、もちろん論外です。しかし、

「社員が誇りを持って働ける会社をつくるため」

「お客様・仕入先・地域社会に貢献できる会社をつくるため」

「震災やパンデミックなど、不測の事態にも動じない会社をつくるため」

であれば、「借入金を有効活用すべきである」と私は考えています。


とはいえ、無計画に借入れをしているわけではありません。長期事業構想書（5年先までの事業計画）、長期財務格付け、長期財務分析表、今期の経営目標、月別利益

計画、支払金利年計表を作成し、金融機関にも情報を公開した上で、計画的に借入金を増やしています（現在、10行と取引をしています）。

経営で一番大切なのは、「お金を回し続けること」です。お金が回っていれば、仮に赤字になったとしても、会社は倒産しません。

本業の利益に加え、金融機関からの借入金を活用して、**「何が起きても揺るがない現預金残高」**を持つことが大切です。

「会社を潰さない」ための方針を明確にする

●方針、計画にもとづいて、正しく資金を運用する

資金運用とは、会社を潰さないための社長の方針です。

当社がどのような考え方で借入金を増やしているのか、金融機関とどのような関係を築いているのか、経営計画書の「資金運用に関する方針」の中から一部抜粋して説明します。

◎金融機関が長期資金を貸し出すときに、一番見ているのは会社の姿勢（社長の姿勢）なので、事業年度計画によって定期的に報告を行う。銀行訪問は３ヵ月に１回行う。

3ヵ月に1回、定期的な**銀行訪問**を行い、島屋グループの現状、売上、経費、利益、今後の事業展開などについて報告しています。金融機関も人手不足なので、採用に関する情報交換もしています。

経営計画書には、「事業年度計画」（年間スケジュール）が記されていて、銀行訪問の日程も決められています。

◎経営計画発表会を開催して事業計画を共有する。

経営計画発表会は、取引銀行をはじめとする関係者をご来賓としてお招きし、社長の私が社員に向けて今期の経営方針を発表する場です。会社の期首に開催します。

経営計画発表会に出席する社員は、「拍手のしかた」「唱和のしかた」「経営計画書を読むときの手の高さ」など入念なリハーサルを行います。

一糸乱れぬ社員の姿勢、一丸となった社員の姿勢を見せることで、金融機関の信用を得ることができます。なお、第二部では思いっきり楽しむ姿を見ていただき、ギャップを感じていただきます。

経営計画発表会（第一部）

第一部は厳粛に

経営計画発表会（第二部）

第二部は思いっきり楽しむ姿を見せてギャップを伝える

◎財務体制を充実して、現金と普通・当座預金の合計で長期借入金を上回り、実質無借金経営にする。

実質無借金経営とは、現預金が借入金よりも多い状態（あるいは、現預金と借入金が同額状態）のことです。

借入金を上回る現預金があれば、いつでも返済できるため、実質的には無借金経営といえます。

◎節税で長期借入金を増やし、月商の2倍の現金・普通預金を確保し、緊急支払い能力を高める。

緊急支払い能力とは、緊急時の支払い能力のことです。

緊急支払い能力を高めておけば、不測の事態に直面しても、手を打つことが可能です。業績回復までの時間を稼ぐことができます。

◎売上伝票と銀行入金額は毎日合わせ、現預金残高を社長に報告する。8月と2月に

お金の棚卸をする。

「会社にお金がいくらあるか」を毎日、社長が把握していれば、会社の異常にすぐに気づくことができます。

さらに、2月と8月に「お金の棚卸し」を行っています。金融機関から残高証明書（残高表）を取って、「A銀行にいくらあるのか、B銀行にいくらあるのか、C銀行にいくらあるのか」を確認しています。

◎意図してバランスシートの科目の数字を変える。資産の部はより上位科目へ、負債の部はより下位科目へ重点を移すよう地道な努力を続ける。

「資産の部はより上位科目へ、負債の部はより下位科目へ重点を移す」とは、具体的には、

「現金化しやすい資産を多く持つようにする」

「資金調達しにくいところからお金を集める」

ことです。

・資産の部……固定資産（土地や建物など）よりも流動資産（受取手形、普通預金、現金など）が多いほうが、銀行から信用される。現金化しやすい科目が多いほど、貸したお金を回収しやすい。

・負債の部……資金を調達しにくい科目の数字が大きいほうが、格付けは上がる。支払手形や買掛金よりも長期借入金が多いと、信用力が高い。

◎売上は増やすが、売掛金と在庫は増やさない。困ったときの銀行頼りはしない。その事業を止める。手形を発行しない。

リーマンショック直後、多くの老舗企業が黒字倒産しました。倒産のおもな原因は、「売掛金や棚卸資産の増加で資金繰りが悪化した」からです。

商品を販売しても売掛金になっていれば、手元にお金はありません。在庫は決算時に棚卸資産として、「資産」に計上されます。販売する商品が現金化できなければ、キャッシュフローが悪化します。

◎借入金は長期とし、事業会社の借入総額を30億円以下にする。

長期で借りていれば急な変化に対応できるため、経営が安定します。同じ額の借入れなら、長期のほうが毎月の返済額が少なく、計画的に資金運用できます。

◎黒字転換の翌年、目標以上に利益の出た翌年は設備投資を行わない。

赤字が黒字になった翌年や、急激に利益の出た翌年は、税金と予定納税でお金がかかるため、設備投資は控えます。

おわりに

経営で大切なのは、目先のことにとらわれず、長期的な視点で会社の成長を考えることです。

島屋グループの長期事業構想書には、「5年先」までの事業計画、事業成長率、利益計画、要員計画、設備計画、施設計画、資本金、生産性が明記されていて、**「5年で売上2倍」**の長期計画を立てています。

「5年で売上2倍」を達成するには、対前年比115%で成長し続ける必要があります。ですが、「今と同じやり方」「今と同じ考え方」「今と同じ人」の延長線上で経営を考えるとやがて頭打ちになり、115%での成長は不可能です。なぜなら、時代や環境は変化しているからです。

私たちにとって最大の敵は、同業他社（ライバル会社）ではありません。「時代の

変化」「環境の変化」です。

したがって島屋グループでは、現業の改善や社員教育に注力するとともに、

「新しいこと」

「これまでとは違うこと」

「社員の『やりたい』こと」

にも全力でチャレンジして、会社を変革させていこうと考えています。

とくに新規事業に関しては、「私の意向」以上に「社員の意向」を尊重しています。

なぜなら、

「次代の島屋グループを担うのは、私ではなく、社員だから」

「島屋グループの主役は、私ではなく、社員だから」

です。

私が30代前半で社長に就任した際、

「誇りを持って働ける会社にしよう」

「お客様・仕入先・地域社会に貢献できる会社にしよう」
「利益を還元できる会社にしよう」
と考え、何度も失敗を重ねながらも、私自身の「やりたい」「こうしたい」という思いを貫いた結果、今があります。

かつての私がそうだったように、若い社員が自分たちの手で、自分たちの意思で、「やりたい」「こうしたい」を実現してほしい。島屋グループの未来を築くのは、若い力です。

島屋グループの中核事業は、建材商品の加工・販売です。ですが私は、建材販売だけに執着してはいません。

建材販売は、社員が楽しく、幸せに働くためのひとつの手段であって、目的ではないからです。

島屋グループは、社員の「やりたい」「こうしたい」を叶えることができる会社を目指しています。社員の「やりたい事業」を追い求めた結果として、建材販売が中心ではありますが、さまざまな業種業態の事業を幅広く行う会社に変わってくれればいいという考えです。

なぜなら、私が目指しているのは、

「社員が楽しく、幸せに働ける会社であること」

「やりたいことがやれる会社をつくること」

「いつまでも働き続けたいと思える会社をつくること」

だからです。

その実現のために会社が変わるのなら、本望です。

島屋グループは、これからも社員一人ひとりの持ち味を生かしながら、社員の「やりたいこと」が実現できる全員経営に徹していきます。

最後までお読みくださり、まことにありがとうございます。

末筆になりましたが、いつも当社を支えてくださるお客様、仕入先、協力業者の皆様、地域の皆様、日頃より多大なるご指導をいただいております、株式会社武蔵野の小山昇社長、ＮＳＫＫグループの賀川正宣代表に、厚く御礼申し上げます。そして、島屋グループの社員の皆さんに心より感謝いたします。

島屋グループ　代表

吉貴隆人

著者紹介

吉貴隆人（よしき・たかと）

島屋グループ　代表
広島市出身。慶應義塾大学卒業後、イギリス留学、松下電工株式会社を経て、株式会社島屋へ入社。2010年より代表取締役。EGIJ認定ゴールドパートナー。
株式会社島屋、株式会社メタルシマヤ、株式会社ランドハウスからなる島屋グループは、建材加工・販売で中国地方のシェアナンバーワンを誇り、「MAZDA Zoom-Zoomスタジアム広島」の屋根及び太陽光発電設備等の施工も手掛けるほか、脳神経科学で得られた知見を基に、統計学を駆使して作られた心理測定ツールであるエマジェネティックスの研修事業などを展開。近年は、心理的安全性を高め、社員一人ひとりの強みを生かす「全員経営」の仕組みにより、全国の中小企業から大きな注目を浴びている。

●島屋グループ
https://shimayas.co.jp/

心理的安全性《しんりてきあんぜんせい》があがり、成果《せいか》があがる
全員経営《ぜんいんけいえい》の仕組《しく》み　〈検印省略〉

2024年　11　月　20　日　第　1　刷発行

著　者――吉貴 隆人（よしき・たかと）
発行者――田賀井 弘毅

発行所――株式会社あさ出版
〒171-0022　東京都豊島区南池袋 2-9-9 第一池袋ホワイトビル 6F
電　話　03 (3983) 3225（販売）
　　　　03 (3983) 3227（編集）
F A X　03 (3983) 3226
U R L　http://www.asa21.com/
E-mail　info@asa21.com

印刷・製本　文唱堂印刷株式会社

note　https://note.com/asapublishing/
facebook　http://www.facebook.com/asapublishing
twitter　http://twitter.com/asapublishing

ISBN978-4-86667-720-0 C2034